デジタル改革関連法で変わる
自治体の個人情報保護対応

弁護士 渡邉涼介［著］

ぎょうせい

はしがき

デジタル改革関連法による令和3年個人情報保護法改正により、地方公共団体の個人情報保護制度は「一旦リセット」される。これは、いわば、各地方公共団体が数十年かけて自らのためにオーダーメイドしてきた個人情報保護条例が、国や他の地方公共団体と同じ一律の既製品で統一されることを意味する。歴史的にも、個人情報保護条例が日本の個人情報保護法制をリードしてきた経緯があり、個人情報保護法制全体に与える影響も大きい。

上記改正内容についての是非はあっても、既に改正をすることは決まっているため、地方公共団体は、改正法が施行される令和5年春頃に向けて、対応を進めていく必要がある。

本書は、地方公共団体の担当者が、個人情報保護条例から改正個人情報保護法への変更に対応する際の橋渡し、すなわち、地方公共団体の担当者がどのように対応すればよいかという実務的な疑問に答えることができる実務書たることを心掛けている。このため、本書の記載は、これまでの行政機関個人情報保護法や個人情報保護法に関する行政解釈をベースとしている。なお、著者個人の意見については、その旨を記載するかコラムに記載している。

著者としては、地方自治の本旨（憲法92条）を実現するには、各地方公共団体が、これまでの行政機関個人情報保護法をベースに知識を確認した上で、これまでどおり、主体的に個人情報の取扱事務について判断していくことが重要と考えている。改正個人情報保護法への対応に関し、実務上は、令和4年春までに公表される予定の公的部門ガイドライン、Q&A等（地方）を参考にしていくべきことに疑いはない。もっとも、地方公共団体が地方自治の本旨を実現する観点に立つと、監視する立場の個人情報保護委員会が公表したガイドラインだけを参考に準備を進めていくことがベストかは疑問がある。また、あくまで公的部門ガイドライン等は、行政当局による解釈を示したものに過ぎず、仮に裁判となった場合に、個別の案件に関する裁判所の判断を拘束するものではないことに注意が必要である。なお、個人情報保護委員会のガイドライン、Q&A等が実務に即した有益なものとなるには、パブリックコメントの際に、各地方公共団体から積極的にコメントが出されることが重要であり、そのためにも、本書を参考に、ガイドライン案等の疑問点等を把握いただければ幸いである。

蛇足ながら、著者の普段の弁護士業務は、民間事業者向けに、データ利活用とプライバシー・個人情報保護とを調和させる観点から法的助言をする機会が多いが、その観点からは、改正個人情報保護法について、①民間部門と公的部門で規律が異なるのはなぜか、②公的部門で一つの規律とすることに合理性があるのか、③民間事業者において公的部門の情報を利活用したいという需要は大きいのか、という3つの大きな疑問があり、私見やコラム等にも反映している。

最後に、著者は本年1月から、地方公共団体の情報公開・個人情報保護審査会の構成員を拝命しており、同審査会でなされる高レベルかつ真摯な議論には、毎回頭が下がる思いをしている。これまで地方公共団体の個人情報保護制度を支えてこられた方々に敬意を表するとともに、これからも地方公共団体における、地道ではあるが、継続的かつ重要な取組みが続けられていくことが、個人の権利利益保護に資するものと信じている。

令和3年10月

渡邊　涼介

目　次

第２章 変わる自治体の個人情報保護

凡　例

◆令和３年改正関係

・最終報告

「個人情報保護制度の見直しに関する最終報告」（個人情報保護制度の見直しに関するタスクフォース、2020年12月）

・個人情報保護制度見直しの主な論点と考え方

個人情報保護制度の見直しに関する検討会第2回配布資料

個人情報保護制度見直しの主な論点と考え方【案】

・規律の考え方

公的部門（国の行政機関等・地方公共団体等）における個人情報保護の規律の考え方（令和3年個人情報保護法改正関係）（個人情報保護委員会、2021年6月）

・地方ヒアリング提出資料

個人情報保護制度の見直しに関する検討会第10回資料4「地方ヒアリング提出資料（全国知事会）」

◆行政機関個人情報保護法関係

・適切な管理のための措置に関する指針

行政機関の保有する個人情報の適切な管理のための措置に関する指針

・総務省「よくある質問とその回答」

総務省ホームページ＞トップ＞政策＞国民生活と安心・安全＞国の個人情報保護＞法制度の紹介＞よくある質問とその回答

（https://www.soumu.go.jp/main_sosiki/gyoukan/kanri/question.html）

・行個法の解説

総務省行政管理局監修『行政機関等個人情報保護法の解説〔増補版〕』（ぎょうせい、2005）

・行政機関非識別加工情報編GL

行政機関の保有する個人情報の保護に関する法律についてのガイドライ

ン（行政機関非識別加工情報編）（個人情報保護委員会、2017年3月）

◆**個人情報保護法関係**

・**個情法の解説**

園部逸夫＝藤原靜雄編『個人情報保護法の解説〔第2次改訂版〕』（ぎょうせい、2018）

・**宇賀・個人情報**

宇賀克也『個人情報保護法の逐条解説〔第6版〕』（有斐閣、2018）

・**令和2年度年次報告**

令和2年度個人情報保護委員会年次報告

・**制度改正大綱**

個人情報保護法 いわゆる3年ごと見直し　制度改正大綱（個人情報保護委員会、2019年12月13日）

・**令和2年改正通則GL**

個人情報の保護に関する法律についてのガイドライン（通則編）（令和3年8月一部改正）（個人情報保護委員会）

・**令和2年改正外国第三者提供GL**

個人情報の保護に関する法律についてのガイドライン（外国にある第三者への提供編）（令和3年8月一部改正）（個人情報保護委員会）

・**委員会Q&A**

「個人情報の保護に関する法律についてのガイドライン」及び「個人データの漏えい等の事案が発生した場合等の対応について」に関するQ&A（令和3年9月10日更新）（個人情報保護委員会、2017年2月16日）

◆**調査関係**

・**地方自治情報管理概要**

「地方自治情報管理概要～電子自治体の推進状況（令和元年度）～」（総務省自治行政局地域情報政策室、2020年3月）

・**実態調査結果概要**

「個人情報保護条例に係る実態調査結果概要」（個人情報保護委員会事務局、

2020年5月）（地方公共団体の個人情報保護制度に関する懇談会（第3回）資料7－1）

・実態調査結果資料編

個人情報保護条例に係る実態調査結果〈資料編〉（個人情報保護委員会事務局、2020年5月）

・在り方検討に関する調査結果

地方公共団体の個人情報保護制度の在り方検討に関する調査結果（総務省自治行政局、2020年11月）

◆その他参考文献

・宇賀・地方自治法

宇賀克也『地方自治法の概説〔第9版〕』（有斐閣、2021）

◆法　　律

・デジタル社会形成整備法

デジタル社会の形成を図るための関係法律の整備に関する法律（令和3年法律第37号）

・個人情報保護法、個情法

個人情報の保護に関する法律（平成15年法律第57号、令和2年改正全面施行時）

・改正個人情報保護法、改正個情法

個人情報の保護に関する法律（平成15年法律第57号、令和3年改正全面施行後）

・改正個人情報保護法施行令、改正個情法施行令

個人情報の保護に関する法律施行令（平成15年政令第507号、デジタル社会形成整備法50条による改正施行時）

・改正個人情報保護法施行規則、改正個情法施行規則

個人情報の保護に関する法律施行規則（平成28年個人情報保護委員会規則第3号、デジタル社会形成整備法50条による改正施行時）

・行政機関個人情報保護法、行個法
行政機関の保有する個人情報の保護に関する法律（平成15年法律第58号）
・行政機関個人情報保護法施行令、行個法施行令
行政機関の保有する個人情報の保護に関する法律施行令（平成15年政令第548号）
・独立行政法人等個人情報保護法、独個法
独立行政法人等の保有する個人情報の保護に関する法律（平成15年法律第59号）

◆判例・裁判例の登載資料

・民集
最高裁判所民事判例集
・刑集
最高裁判所刑事判例集
・集民
最高裁判所裁判集民事

※最高裁判所大法廷判決は「最大判」、それ以外の最高裁判所判決は「最判」、高等裁判所判決は「高判」とそれぞれ表記した。

◆内容現在

本書の内容現在は令和3年10月29日とし、同日公布された「個人情報の保護に関する法律施行令等の一部を改正する等の政令（政令第292号）」及び「個人情報の保護に関する法律施行規則等の一部を改正する規則（個人情報保護委員会規則第4号）」までの内容を反映させた。

第1章

令和３年個人情報保護法改正の背景と概要

1 改正の背景

令和3年、デジタル改革関連法により、個人情報保護法が改正され、これまで独自に個人情報保護条例を制定していた地方自治体に、個人情報保護法が一律に適用されることとなる。ここでは、令和3年改正の背景について説明していこう。

令和3年改正のうち、個人情報保護法の改正に係る部分は、①行政機関及び独立行政法人等に関する規律の規定や学術研究機関等に対する適用除外規定の見直し等（デジタル社会形成整備法50条による改正）（令和4年4月1日に施行）と、②地方公共団体に関する規律の規定（デジタル社会形成整備法51条による改正）（令和5年5月18日までで政令で定める日に施行）の2段階に分かれている。

本書に関連する内容を中心に説明すると、上記①は、行政機関個人情報保護法と個人情報保護法を統一し、民間部門における令和2年個人情報保護法改正を反映するための変更であり、上記②は、地方公共団体が対象に加わることによる変更である。

施行時期の違いにより、2段階の改正となっており、個人情報保護法の新旧対照表に掲載されている条文だけを見ても、変更部分がわかりづらいことに注意する必要がある。

(1) 令和3年改正に至るまでの経緯

令和3年改正では、公的部門における個人情報保護に関する法体系が大きく変更されている。前提として、公的部門におけるプライバシー保護に関する立法の流れについて、日本における動きを中心に要点を絞って簡潔に説明したい。詳しくは、堀部政男『自治体情報法』（学陽書房、1994)、夏井高人＝新保史生編著『個人情報保護条例と自治体の責務』（ぎょうせい、2007）などを参考されたい。

ア　OECD8原則の採用

1960年代から、個人に関する情報の処理にパソコンが本格的に使われるようになったことで、情報の集約によるプライバシー侵害が懸念されるようになり、各国で、プライバシーの保護を目的とする立法がされるようになった。しかし、各国ごとに独自の整理がされていては、国境を越えた情報流通が困難となってしまう。そのため、OECDは1980年、情報の流通を可能とするために、「プライバシー保護と個人データの国際流通についてのガイドラインに関するOECD理事会勧告」で、いわゆるOECD8原則を採用した。同原則は、①目的明確化の原則、②利用制限の原則、③収集制限の原則、④データ内容の原則、⑤安全保護の原則、⑥公開の原則、⑦個人参加の原則、⑧責任の原則を内容とするもので、OECD加盟諸国は、この8つの原則を基に国内法を整備している。日本における個人情報保護法、行政機関個人情報保護法などの個人情報保護法制も、この原則を基礎としている。さらに、この原則は、国際的に、プライバシー保護に関する基本的な原則を整理し定式化したものと認知されており、日本だけでなく、EUやアメリカなどのプライバシー保護に関する立法にも大きな影響を与えている。

イ　個人情報保護条例の制定から行政機関個人情報保護法の制定まで

日本では、1973年6月、徳島市で「電子計算組織運営審議会条例」が公布され、1975年3月に東京都国立市で「電子計算組織の運営に関する条例」が制定されたのを皮切りに、1970年代後半には、市区町村で個人情報保護を目的とする条例が制定されていった。このような地方公共団体の取組みにより、日本における個人情報保護制度の基盤が築かれた。

国でも、行政機関におけるコンピュータ（電子計算機）を利用した処理により、国民の権利利益が侵害されることに対処するため、昭和63年、OECD8原則を基礎として、行政機関を対象とした「行政機関の保有する電子計算機処理に係る個人情報の保護に関する法律（昭和63年法律第95号）」（以下「旧法」という。）が制定され、平成2年10月に全面施行された。

その後、官民を問わず、コンピュータによる個人情報の処理が広がったことで、個人の権利利益侵害に対する不安、懸念等が社会問題化した。平成11年には、住民基本台帳ネットワークシステムが創設されたが、その国会審議の中で、民間部門を含む個人情報を保護する法制度を整備することが必要であるとの指摘があった。

これを受け、政府は、平成14年3月に、旧法を抜本的に改正した「行政機関の保有する個人情報の保護に関する法律案」等の4法案を国会に提出し、「個人情報の保護に関する法律案」とともに衆議院で審議されたが、同年12月に、審議未了廃案となった。その後、法案の修正を行ったうえで、平成15年3月に、新たな5法案が国会に提出された。国会では、衆・参両院に「個人情報の保護に関する特別委員会」が設置され、審議の上、平成15年5月23日に成立し、同月30日に公布された。

ウ　個人情報保護法平成27年改正と行政機関個人情報保護法平成28年改正

日本では、平成15年に個人情報保護法が制定されてから10年以上が経ち、その間に、アプリケーションで様々な情報を取得するスマートフォンが普及するなど、飛躍的に情報通信技術が発達したことなどにより、制定当時には想定されなかったパーソナルデータの利活用が可能となり、次のような問題が顕在化した。

① グレーゾーンの拡大：個人情報に該当するかどうかの判断が困難な、いわゆる「グレーゾーン」が拡大
② ビッグデータへの対応：パーソナルデータを含むビッグデータの適正な利活用ができる環境の整備が必要
③ グローバル化：事業活動がグローバル化し、国境を越えて多くのデータが流通

このため、個人情報及びプライバシーの保護を図りつつ、パーソナルデータの円滑な利活用を促進させ、新産業・新サービスの創出を実現するための環境整備の実現を目的として、「個人情報の保護に関する法律及び行政手続における特定の個人を識別するための番号の利用等に関する法律の一部を改正する法律案」が第189回国会で提出され、2015年（平成27年）9月に成立、公布された。

上記平成27年改正を踏まえ、国の行政機関及び独立行政法人等についても、適切な規律の下にパーソナルデータの利活用に資する法改正を行うものとされ、行政機関等の保有する個人情報の適正かつ効果的な活用による新たな産業の創出並びに活力ある経済社会及び豊かな国民生活の実現に資するための関係法律の整備に関する法律（平成28年法律第51号）が平成28年5月20日に成立し、同月27日に公布された。

同法による、行政機関個人情報保護法等の改正では、国の行政機関等に匿名加工情報に準じた非識別加工情報制度が導入され、同制度の取扱いについては、官民を通じて個人情報保護委員会が一元的に所管することとなった。そのほか、個人識別符号の概念が導入されるなど個人情報の定義が明確化され、要配慮個人情報が含まれる旨の個人情報ファイル簿への記載がされることなった。

(2) 民間部門を対象とした個人情報保護法令和2年改正

個人情報保護法の平成27年改正で、附則12条3項として、政府は、同法の施行後3年ごとに、個人情報の保護に関する国際的動向、情報通信技術の進展、それに伴う個人情報を活用した新たな産業の創出及び発展の状況等を勘案し、平成27年改正法による改正後の個人情報保護法の施行の状況について検討を加え、必要があると認めるときは、その結果に基づいて所要の措置を講ずることとする規定（いわゆる3年ごと見直し規定）が置かれている。

この附則を受け、民間部門における個人情報保護法について、個人情報保護委員会が、関係団体・有識者からのヒアリング等を行い、実態把握や論点整理等を実施した。この結果、自身の個人情報に対する意識の高まり、技術革新を踏まえた保護と利活用のバランス、越境データの流通増大に伴う新たなリスクへの対応等の観点から、個人情報保護法の改正を行うこととなった。令和2年6月5日、「個人情報の保護に関する法律等の一部を改正する法律案」が国会において可決・成立し、同月12日に「個人情報の保護に関する法律等の一部を改正する法律」が公布された。

同法律の概要は、個人情報保護委員会資料で次のように説明されている。なお、地方公共団体に直接のかかわりがない「3.事業者による自主的な取組を促す仕組みの在り方」、「5.ペナルティの在り方」については、割愛する。

1. 個人の権利の在り方
・利用停止・消去等の個人の請求権について、不正取得等の一部の法違反の場合に加えて、個人の権利又は正当な利益が害されるおそれがある場合にも要件を緩和する。
・保有個人データの開示方法（※）について、電磁的記録の提供を含め、本人が指示できるようにする。

（※）現行は、原則として、書面の交付による方法とされている。

・個人データの授受に関する第三者提供記録について、本人が開示請求できるようにする。

・6か月以内に消去する短期保存データについて、保有個人データに含めることとし、開示、利用停止等の対象とする。

・オプトアウト規定（※）により第三者に提供できる個人データの範囲を限定し、①不正取得された個人データ、②オプトアウト規定により提供された個人データについても対象外とする。

（※）本人の求めがあれば事後的に停止することを前提に、提供する個人データの項目等を公表等した上で、本人の同意なく第三者に個人データを提供できる制度。

2. 事業者の守るべき責務の在り方

・漏えい等が発生し、個人の権利利益を害するおそれがある場合（※）に、委員会への報告及び本人への通知を義務化する。

（※）一定数以上の個人データの漏えい、一定の類型に該当する場合に限定。

・違法又は不当な行為を助長する等の不適正な方法により個人情報を利用してはならない旨を明確化する。

4. データ利活用に関する施策の在り方

・イノベーションを促進する観点から、氏名等を削除した「仮名加工情報」を創設し、内部分析に限定する等を条件に、開示・利用停止請求への対応等の義務を緩和する。

・提供元では個人データに該当しないものの、提供先において個人データとなることが想定される情報の第三者提供について、本人同意が得られていること等の確認を義務付ける。

6. 法の域外適用・越境移転の在り方

・日本国内にある者に係る個人情報等を取り扱う外国事業者を、罰則によって担保された報告徴収・命令の対象とする。

・外国にある第三者への個人データの提供時に、移転先事業者における個人情報の取扱いに関する本人への情報提供の充実等を求める。

(3) 個人情報保護制度の見直しに関するタスクフォース

個人情報保護法の平成27年改正では、附則12条6項として、次の条文が定められていた。

「政府は、新個人情報保護法の施行の状況、第一項の措置の実施の状況その他の状況を踏まえ、新個人情報保護法第2条第1項に規定する個人情報及び行政機関等保有個人情報の保護に関する規定を集約し、一体的に規定することを含め、個人情報の保護に関する法制の在り方について検討するものとする。」

令和元年10月に、「地方公共団体の個人情報保護制度に関する懇談会の開催について」が公表され、同年12月から4回、地方公共団体等との懇談会が開催された。同年12月には、「個人情報保護法 いわゆる3年ごと見直し制度改正大綱」が公表され、公的部門の個人情報保護制度について次の方向性が示された。

2. 行政機関、独立行政法人等に係る法制と民間部門に係る法制との一元化

○行政機関、独立行政法人等に係る個人情報保護制度に関し、規定や所管が異なることにより支障が生じているとの指摘を踏まえ、民間、行政機関、独立行政法人等に係る個人情報の保護に関する規定を集約・一体化し、これらの制度を委員会が一元的に所管する方向で、政府としての具体的な検討において、スケジュール感をもって主体的かつ積極的に取り組む。

3. 地方公共団体の個人情報保護制度

○今後、現在条例で定められている地方公共団体が保有する個人情報の取扱いについて、法律による一元化を含めた規律の在り方、地方公共団体の個人情報保護制度に係る国・地方の役割分担の在り方に関する実務的論点について地方公共団体等と議論を進めることとする。

内閣官房で、民間部門、行政機関、独立行政法人等に係る個人情報の保護に関する規定を集約し、一体的に規定すること及び事務処理体

制の在り方について検討するとともに、地方公共団体の個人情報保護制度の在り方についても検討するため、個人情報保護制度の見直しに関する検討会が開催され、令和2年12月に、考え方を取りまとめた個人情報保護制度の見直しに関する最終報告（最終報告）が発表された。

最終報告の内容の多くが、令和3年改正に反映されており、以下では、地方公共団体に関連する部分について要点がまとめられている概要の記載をベースに説明していく。もっとも、最終報告の内容がそのまま法改正に取り入れられたわけではないため、注意が必要である。例えば、情報公開・個人情報保護審査会等による開示決定等の当否について、行政機関等に対して勧告を行い得るとした内容（最終報告3－2⑵6）は、改正個人情報保護法上の規定に直接の反映はされていない。

なお、個人情報保護制度の見直しに関する検討会第7回では、地方三団体（全国知事会、全国市長会、全国町村会）からのヒアリングが行われた。参考として、全国知事会及び全国市長会が提出した意見の要旨を次に紹介する。

① 全国知事会は、意見総括として、「国と地方の役割分担では、国がルールや運用の統一化を図る場合でも、全国一律とする事項を明確化した上で、それ以外は地方自治体の創意工夫に任せるなど、地方の自主性を尊重すべきとの意見が多数。地方公共団体の条例の制定経緯や地方自治の観点等から、その内容に差異が見られることはやむを得ないとの意見が多数。よって、個人情報の『活用』の観点等から、法の規定を直接適用する手法が望ましいとの意見が多いが、仮に法の直接適用を受けても、地方公共団体の実情を踏まえて条例による規律を認めるべきとの意見が多数。」としている。

② 全国市長会は、「地方公共団体における個人情報保護制度が多角的に議論されることは首肯すべきものと考えるが、これまで条

例に基づいた独自の実務が積み重ねられていること、データ利活用に向けた課題の認識に国レベルや民間サイドと温度差があることなどから、都市自治体の間でも、基準を統一化する場合の範囲や手法の考え方に様々な意見がある。したがって、地方公共団体の意見を十分に聞きながら、混乱が生じないよう慎重に検討を進めること。」としている。

また、個人情報保護制度の見直しに関する検討会第10回でも、地方三団体からのヒアリングが行われている。公表されている全国知事会の提出資料「地方ヒアリング提出資料（全国知事会）」のうち、「1 『地方公共団体の個人情報保護制度に関する法制化について（素案）』に対する各都道府県の意見集約結果」では、「法律による共通ルールの規定及び『素案』の方向性については、概ね『支障なし』との評価」とされていた。

なお、地方ヒアリング提出資料の内容については必要に応じて参照いただきたいが、国と同じ規律を都道府県に適用することに支障ありの割合が特に高かった、要配慮個人情報の保有制限、オンライン結合制限、目的外利用・提供制限、非識別加工情報の提供制度の導入については、個別の検討のところで支障ありの主な理由を紹介していく。

ア　個人情報保護制度見直しの背景

最終報告では、個人情報保護制度見直しの背景として、次の3点の説明がされている。

1. 今般、新たに「デジタル庁」を創設し、国や地方のデジタル業務改革を強力に推進していく方針。これに伴い、公的部門で取り扱うデータの質的・量的な増大が不可避。
   ⇒ 個人情報保護に万全を期すため、独立規制機関である個人情報保護委員会が、公的部門を含め、個人情報の取扱いを一元的に監視監督する体制の確立が必要。

2. 情報化の進展や個人情報の有用性の高まりを背景として、官民や地域の枠を超えたデータ利活用が活発化。

⇒ データ利活用の支障となり得る現行法制の不均衡・不整合を是正する必要。

〈不均衡・不整合の例〉

・民間部門と公的部門で「個人情報」の定義が異なる。

・国立病院、民間病院、公立病院で、データ流通に関する法律上のルールが異なる。

・国立大学と私立大学で学術研究に係る例外規定のあり方が異なる。

・地方公共団体間で個人情報保護条例の規定やその運用が異なる（いわゆる「2,000個問題」）

3. 国境を超えたデータ流通の増加を踏まえ、GDPR十分性認定への対応を始めとする国際的な制度調和を図る必要性が一層向上。

このうち、3.で言及されているGDPR十分性認定について補足する。

EU一般データ保護規則（GDPR）では、原則としてEU（欧州経済領域：EEEAに含まれる国を含む）域外に所在する第三者に情報を移転することを禁止しているが、例外的に、十分な保護措置を講じている国として認定（十分性認定）を受けた国には、データ移転をすることが可能とされている（GDPR45条）。日本の民間部門は、2019年1月に十分性認定を受けているが、公的部門には独立規制機関（例：個人情報保護委員会）による監視が及んでいないことから、十分性認定を受けていない。また、学術研究分野についても、個人情報保護法から一律適用除外とされていたため、十分性認定の対象外となっている。

なお、GDPRでは、日本の個人情報よりひろい概念であるpersonal dataの取扱いは原則禁止されており、政府の取扱いも「求められる目的と比例的であり、データ保護の権利の本質的部分を尊重し、また、データ主体の基本的な権利及び利益の安全性を確保するための適切かつ個別の措置を定めるEU法又は加盟国の国内法に基づき、重要な公共の利益を理由とする取扱いが必要となる場合」(GDPR9条2項(g))（個人情報保護委員会公表の仮日本語訳）などに限定されている。

イ　個人情報保護制度見直しの全体像

個人情報保護制度見直しの全体像については、最終報告におけるまとめと同内容で、改正が成立している。このため、内容については本章**2**（1）（⇒p.17）の解説を参照されたい。

ウ　個人情報の定義等の統一

最終報告では、個人情報の定義等の統一、具体的には個人情報及び匿名加工情報の定義並びに匿名加工情報の規律に関して、次のように説明されている。

〈現行法の規律〉

◆個人情報保護法の個人情報：「他の情報と容易に照合することができ、それにより特定の個人を識別することができることとなるものを含む」

◆行政機関個人情報保護法及び独立行政法人等個人情報保護法の個人情報：「他の情報と照合することができ、それにより特定の個人を識別することができることとなるものを含む」

◆個人情報の定義の相違に起因して、個人情報保護法では非個人情報とされる「匿名加工情報」に相当する情報が、行政機関個人情報保護法等では個人情報に該当し得るとされており、「非識別加工情報」という別の名称が与えられている。

〈改正の方向性〉

1. 公的部門と民間部門とで個人情報の定義が異なることは、国民の目から見て極めて分かりにくく、両部門の間でのデータ流通の妨げともなり得ることから、一元化の機会に、両部門における「個人情報」の定義を統一する。
2. 定義変更に伴う影響を最小化する観点から、一元化後の定義は、現行の個人情報保護法の定義（＝容易照合可能性を要件とするもの）を採用する。
3. 公的部門における権利利益保護の徹底を図るため、民間部門で導入済みの匿名加工情報・仮名加工情報の識別行為禁止義務等の規律を公的部門にも導入する。

4. 個人情報の定義を統一する結果、非識別加工情報も非個人情報となり、匿名加工情報と区別する必要がなくなることから、一元化の機会に、両者の名称を「匿名加工情報」で統一する。

5. 匿名加工情報は公的部門においても非個人情報であるとの前提で、公的部門における匿名加工情報の取扱いに関する規律を明確化する（例：匿名加工情報の作成・取得・利用は、法令の定める所掌事務の範囲内で可能とする）

上記の改正事項については、個人情報の定義（**第2章1（4）イ**（⇒p.51））、匿名加工情報の定義（**第2章1（4）キ**（⇒p.63））、行政機関等匿名加工情報の提供（**第2章1（25）**（⇒p.169））で、それぞれ説明する。

エ　地方公共団体の個人情報保護制度の在り方（改正の概要）

基本的に、最終報告におけるものと同じ内容が改正法に反映されている。このため、内容については、**本章2（3）**（⇒p.20）での記載を参照されたい。

(4) 令和３年個人情報保護法改正の成立、公布

デジタル社会形成整備法案は、令和3年2月9日に閣議決定され、第204回通常国会に提出された。

個人情報保護法改正関係について、国会審議では、①法案提出の背景、②委員会による行政機関等に対する監視、③地方公共団体等への影響、④外国制度との比較、⑤委員会の体制整備等を中心に、質疑が行われている。地方公共団体に関連する質疑も多くなされており、特に注目すべき点については、該当箇所で紹介していく。

デジタル社会形成整備法案は、令和3年5月12日の国会において可

決、成立し、同月19日に公布された。個人情報保護法関係では、参議院内閣委員会では、次の附帯決議が付されている。なお、衆議院でも附帯決議が付されているが、参議院のものとほぼ同内容であるため、より詳しい参議院のものを掲載している。

デジタル社会形成基本法案、デジタル庁設置法案、デジタル社会の形成を図るための関係法律の整備に関する法律案、公的給付の支給等の迅速かつ確実な実施のための預貯金口座の登録等に関する法律案及び預貯金者の意思に基づく個人番号の利用による預貯金口座の管理等に関する法律案に対する附帯決議（令和３年５月11日参議院内閣委員会）（以下「附帯決議」という。）（抜粋）

政府は、デジタル改革関連五法の施行に当たり、次の諸点について適切な措置を講ずるべきである。また、政府は、地方公共団体における運用等についても次の諸点の趣旨にのっとり行われるよう、必要な助言を行うこと。

四　デジタル社会の形成を図るための関係法律の整備に関する法律の施行に関し、以下の事項について配慮すること。

１　個人の権利利益の保護を図るため、自己に関する情報の取扱いについて自ら決定できること、本人の意思に基づいて自己の個人データの移動を円滑に行うこと、個人データが個人の意図しない目的で利用される場合等に当該個人データの削除を求めること及び本人の同意なしに個人データを自動的に分析又は予測されないことの確保の在り方について検討を加え、必要な措置を講ずること。

２　地方公共団体が、その地域の特性に照らし必要な事項について、その機関又はその設立に係る地方独立行政法人が保有する個人情報の適正な取扱いに関して条例を制定することができる旨を、地方公共団体に確実に周知するとともに、地方公共団体が条例を制定する場合には、地方自治の本旨に基づき、最大限尊重すること。また、全国に適用されるべき事項については、個人情報保護法令の見直しを検討すること。

３　行政機関等が保有する個人情報の目的外での利用又は第三者への提供については、その要件である「相当の理由」及び「特別の理由」

の認定を、厳格に行うこととし、行政機関等が行った判断の適否を、個人情報保護委員会が監視すること。

4　行政機関等が個人情報を利用する際、個人が自己の情報の利用状況を把握できる仕組みについて、情報通信技術の進展を踏まえた見直しを検討すること。

5　個人情報保護委員会による行政機関等の監視に当たっては、資料の提出及び実地調査を躊躇なく行うとともに、必要があれば勧告や報告の要求を遅滞なく行うことにより、監視の実効性を確保すること。

6　大量に個人情報を保有している事業者が我が国の個人情報に関する法令を遵守するよう徹底するとともに、必要な場合には立入検査、報告徴収等の権限を躊躇なく行使し、遵守状況について監視すること。

7　個人情報保護委員会が民間部門と公的部門における個人情報保護に関する業務を所掌することにより業務量が増大すると見込まれることに鑑み、その任務を果たすことができるよう、必要な人材の確保を含め体制強化を図ること。また、個人情報保護委員会は、地方公共団体から必要な情報の提供又は技術的な助言を求められた場合には、迅速に対応すること。

8　学術研究目的における個人情報の取扱いについては、個人の権利利益を不当に侵害する場合は個人情報の取扱いに係る制限の適用除外とならないことに鑑み、要配慮個人情報を含む個人情報の適正な取得や提供等の保護の取組を強化すること。

なお、デジタル社会形成整備法では、個人情報保護制度の見直し（個人情報保護法の改正等）の他に、マイナンバーを活用した情報連携の拡大等による行政手続の効率化（マイナンバー法等の改正）、マイナンバーカードの利便性の抜本的向上、発行・運営体制の抜本的強化（郵便局事務取扱法、公的個人認証法、住民基本台帳法、マイナンバー法、J-LIS法等の改正）、押印・書面の交付等を求める手続の見直し（48法律の改正）も対象とされているが、本書では、個人情報保護制度の見直し（個人情報保護法の改正等）を対象として解説していく。

(5) 今後のスケジュール

今後のスケジュールとして、地方公共団体・地方独立行政法人に関しては、政令規則が令和4年春までに公布され、公的部門ガイドライン等が同じく令和4年春までに公布されることが予定されている。施行日は、「令和5年5月18日までで政令で定める日」とされている(デジタル社会形成整備法附則1条7号)。なお、国等に対する施行日については、令和4年4月1日とされている(同法附則1条4号、令和3年10月29日政令第291号)。

今後、ガイドライン案の意見募集が予定されているところ、各地方公共団体では、それぞれの問題意識や疑問点を個人情報保護委員会に共有する意味でも、積極的に意見を出していくことが望ましい。

令和3年改正法の施行に関する公的部門ガイドライン等の策定スケジュール

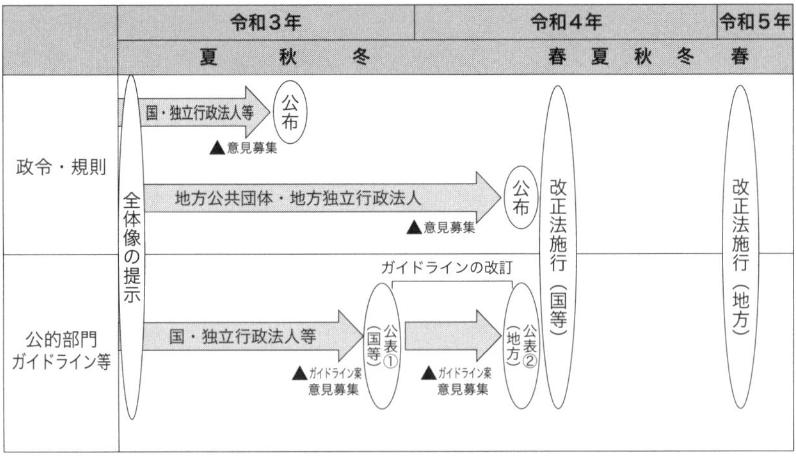

出典:第176回個人情報保護委員会(令和3年6月23日開催)配布資料1

2 改正の概要

改正の概要について、個人情報保護委員会が公表している資料をベースに説明していく。

(1) 個人情報保護制度見直しの全体像

個人情報保護制度見直しの全体像として、以下の①～④が示されている。

① 個人情報保護法、行政機関個人情報保護法、独立行政法人等個人情報保護法の3本の法律を1本の法律に統合するとともに、地方公共団体の個人情報保護制度についても統合後の法律において全国的な共通ルールを規定し、全体の所管を個人情報保護委員会に一元化。
② 医療分野・学術分野の規制を統一するため、国公立の病院、大学等には原則として民間の病院、大学等と同等の規律を適用。
③ 学術研究分野を含めたGDPRの十分性認定への対応を目指し、学術研究に係る適用除外規定について、一律の適用除外ではなく、義務ごとの例外規定として精緻化。
④ 個人情報の定義等を国・民間・地方で統一するとともに、行政機関等での匿名加工情報の取扱いに関する規律を明確化。

上述のうち、①及び④は地方公共団体の個人情報保護制度そのものに関する見直しである。また、②については地方公共団体が運営する病院、大学等に関する規律が変更されること、また、③については地方公共団体が関連する学術研究に関する規律が変更されることにより、それぞれ地方公共団体にも影響がある。

個人情報保護制度見直しの全体像

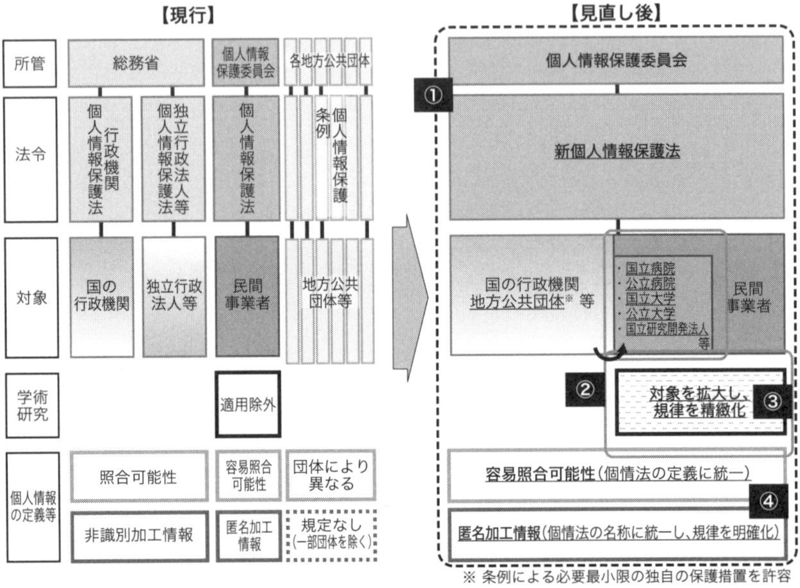

出典：個人情報保護委員会資料

以下、地方公共団体に影響する部分を中心に見ていこう。

(2) 地方公共団体の個人情報保護制度の在り方（改正の方向性）

地方公共団体の個人情報保護制度の在り方（改正の方向性）

〈地方公共団体の個人情報保護制度に求められるもの〉

1　社会全体のデジタル化に対応した「個人情報保護」と「データ流通」の両立

※いわゆる「2,000個問題」

①　団体ごとの規定・運用の相違が、データ流通の支障となりうること

②　条例がないなど、求められる保護水準を満たさない団体があること

等への問題提起がなされている

2　個人情報保護に関する国際的な制度調和と我が国の成長戦略への

整合例）

・EUにおけるGDPR（一般データ保護規則）十分性認定

・G20大阪首脳宣言におけるDFFT（信頼ある自由なデータ流通）

〈改正の方向性〉

○「個人情報保護」と「データ流通」の両立に必要な全国的な共通ルールを法律で設定

○法律の的確な運用を確保するため、国がガイドラインを策定

○その上で、法律の範囲内で、必要最小限の独自の保護措置を許容⇒条例を個人情報保護委員会に届出

例）・「条例要配慮個人情報」として保護する情報を規定

・個人情報の適切な取扱いを確保するため、特に必要な場合に限り審議会等からの意見聴取手続を規定

地方公共団体の現状と共通ルール化後

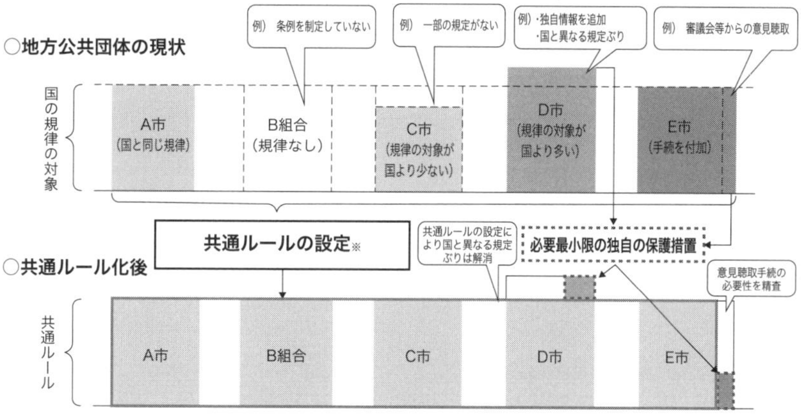

※医療・学術分野については、国の組織同様、民間規律を適用する。

※審議会等の役割は、個別事案に関する審議から、定型事例についての事前ルールの設定や、制度の在り方に関する調査審議に主な役割が移行。

出典：個人情報保護委員会資料

基本的には、最終報告書の記載と同趣旨の内容である。もっとも、最終報告における「個人情報保護制度見直しの背景」から、「新たに『デジタル庁』を創設し、国や地方のデジタル業務改革を強力に推進していく方針。これに伴い、公的部門で取り扱うデータの質的・量的な増

大が不可避。」といった記載は削除されている。

(3) 地方公共団体の個人情報保護制度の在り方（改正の概要）

地方公共団体の個人情報保護制度の在り方として、次の内容が示されている。

○社会全体のデジタル化に対応した「個人情報保護」と「データ流通」の両立が要請される中、
・団体ごとの個人情報保護条例の規定・運用の相違がデータ流通の支障となりうる
・求められる保護水準を満たさない団体がある
等の指摘。（いわゆる「2,000個問題」）
○独立した機関による監督等を求めるEUにおけるGDPR（一般データ保護規則）十分性認定など国際的な制度調和とG20大阪首脳宣言におけるDFFT（信頼ある自由なデータ流通）など我が国の成長戦略への整合の要請。
○こうした課題に対応するため、地方公共団体の個人情報保護制度について、全国的な共通ルールを法律で規定するとともに、国がガイドライン等を示すことにより、地方公共団体の的確な運用を確保。

概　要

①　適用対象
・地方公共団体の機関及び地方独立行政法人を対象とし、国と同じ規律を適用
・病院、診療所及び大学には、民間部門と同じ規律を適用
※④、⑤、⑥に係る部分は除く

②　定義の一元化
・個人情報の定義について、国・民間部門と同じ規律を適用
例：容易照合可能性、個人識別符号、要配慮個人情報 等

③　個人情報の取扱い
・個人情報の取扱いについて、国と同じ規律を適用

例：保有の制限、安全確保措置、利用及び提供の制限 等

④　個人情報ファイル簿の作成・公表

・個人情報ファイル簿の作成・公表について、国と同じ規律を適用

※個人情報ファイル簿の作成等を行う個人情報ファイルの範囲は国と同様（1,000人以上等）とする

※引き続き、個人情報取扱事務登録簿を作成することも可能とする

⑤　自己情報の開示、訂正及び利用停止の請求

・開示等の請求権や要件、手続きは主要な部分を法律で規定

⑥　匿名加工情報の提供制度の導入

・匿名加工情報の提供制度（定期的な提案募集）について、国と同じ規律を適用

※ただし、経過措置として、当分の間、都道府県及び指定都市について適用することとし、他の地方公共団体は任意で提案募集を実施することを可能とする

⑦　個人情報保護委員会と地方公共団体の関係

・個人情報保護委員会は、地方公共団体における個人情報の取扱い等に関し、国の行政機関に対する監視に準じた措置を行う

・地方公共団体は、個人情報の取扱い等に関し、個人情報保護委員会に対し、助言その他の必要な支援を求めることが可能

例：個人情報の提供を行う場合、匿名加工情報の作成を行う場合 等

⑧　施行期日等・施行期日は、公布から２年以内の政令で定める日とする

・地方公共団体は、法律の施行に必要な条例を制定

例：手数料、処理期間等

・国は、個人情報の適正な取扱いを確保するため、地方公共団体の準備等について必要な助言（ガイドライン等）を行う

概要⑧の施行期日等・施行期日が具体化されていることを除いては、最終報告における「地方公共団体の個人情報保護制度の在り方（改正の概要）」と同内容である。

地方公共団体の個人情報保護制度の詳細については、令和４年春までに公表される予定の公的部門ガイドラインで明らかになる。

令和3年6月に個人情報保護委員会が公表した「規律の考え方」では、ガイドライン等の整備について、次の方針が示されている。

> 改正後の個人情報保護法第5章第2節に規定する行政機関等における個人情報等の取扱いに関する規律のうち、次のものについては、現行の行政機関個人情報保護法の相当する規定の解釈運用を原則として踏襲する方向で、今後、ガイドライン等を整備する。
> ・個人情報の保有の制限等（法第61条）
> -利用目的の特定
> -保有の制限
> -利用目的の変更
> ・利用目的の明示（法第62条）
> ・正確性の確保（法第65条）
> ・利用及び提供の制限（法第69条）
>
> 行政機関等における個人情報等の取扱いに関する規律のうち、次のものについては、現行の行政機関個人情報保護法には相当する規定が存在しないものであるため、令和2年改正法に関するガイドライン等との整合性も考慮しながら、今後、規則・ガイドライン等を整備する。
> ・不適正な利用の禁止（法第63条）
> ・適正な取得（法第64条）
> ・漏えい等の報告等（法第68条）：委員会への報告義務、本人への通知義務
> ・外国にある第三者への提供の制限（法第71条）
> ・個人関連情報の提供を受ける者に対する措置要求（法第72条）
> ・仮名加工情報の取扱いに係る義務（法第73条）
>
> また、行政機関等における個人情報等の取扱いに関する規律のうち、次のものについては、現行の行政機関個人情報保護法の相当する規定に比較して、規律の充実が図られたものであり、今後、令和3年改正法の趣旨も踏まえながら、政令・規則・ガイドライン等を整備する。
> ・安全管理措置（法第66条）
> ・従事者の義務（法第67条）
> ・保有個人情報の提供を受ける者に対する措置要求（法第70条）

(4) 医療分野・学術分野における規制の統一（改正の考え方）

ポイント 大学、病院、研究機関又はそれに準じるもの以外には直接の影響はない。

独立行政法人等のうち、民間に類する立場で民間のカウンターパートとの間でデータを利用した共同作業を継続的に行うもの等（例：国立研究開発法人、国立病院機構、国立大学法人、大学共同利用機関法人）について、原則として民間部門（例：私立大学、民間病院、民間研究機関）と同じ規律を適用することとなる。

一元化後の規律の適用関係

	民間事業者	規律移行法人等※1	国の行政機関等・地方公共団体等※2
個人情報取扱事業者に係る規律（現行個人情報保護法第４章第１節及び第２節を基本的にスライド）			
・利用目的の特定等、適正取得	○	○	
・正確性確保、安全管理措置	○	○	
・第三者提供制限	○	○	
・開示等請求	○		
・匿名加工情報の作成・提供	○		
国の行政機関等に係る規律（現行行政機関個人情報保護法・独立行政法人等個人情報保護法第２章～第４章の２を基本的にスライド）			
・保有制限、目的明示			○
・正確性確保、安全確保措置			○
・利用・提供制限			○
・個人情報ファイル保有の事前通知			○※3
・個人情報ファイル簿の作成・公表		○	○
・開示等請求		○	○
・匿名加工情報の作成・提供		○	○※4

※１　規律移行法人等とは、今般の一元化の機に、民間の個人情報取扱事業者と原則として同様の規律を適用すべき独立行政法人等、地方公共団体の病院・大学等及び地方独立行政法人を指す。

※２　国の行政機関等・地方公共団体等には、現行独立行政法人等個人情報保護法が適用される独立行政法人、地方公共団体及び地方独立行政法人のうち、規律移行法人等以外の

ものを含む。
※3 規律移行法人等以外の独立行政法人等に加え、地方公共団体及び地方独立行政法人については、事前通知の制度の対象外。
※4 地方公共団体については、経過措置として、当分の間、都道府県及び指定都市に適用し、他の地方公共団体は任意で匿名加工の提案募集を実施可能とする。

出典：個人情報保護委員会資料

例えば、公立病院の場合、規律移行法人等となり、利用目的の特定等、適正取得、正確性確保、安全管理措置について、民間部門と同様の規律が適用されることとなる。令和4年4月1日に施行されるため、それまでに、個人情報の取扱いに関する規定、いわゆるプライバシーポリシーや組織内部向けの個人情報取扱規定を変更するための準備をする必要がある。

規律移行法人関係については、規律の考え方で、学術研究に係る適用除外規定の見直しを含めて整理されているので、関連する地方公共団体においては、参考にされたい。

(5) 学術研究に係る適用除外規定の見直し（精緻化）

ポイント 学術研究に関わらない実務への影響はない。

令和3年改正前の個人情報保護法では、学術研究が一律に適用除外とされているため（個情法76条1項3号）、EUから日本の学術研究機関等に移転されて個人データはGDPRに基づく十分性認定の適用除外となり、EUでの研究を日本で発表することができないなどの弊害が生じていた（**本章1（3）ア**（⇒p.10）参照）。このため、学術研究に係る一律の適用除外規定を見直し、個別の義務規定ごとに例外規定を精緻化することとなり、利用目的による制限（同法18条2項）、要配慮個人情報の取得制限（同法20条2項）、第三者提供制限（同法17条1項）

に学術研究に関する適用除外規定を置いている。

もっとも、大学の自治を始めとする学術研究機関等の自律性を尊重する観点から、学術研究機関等に個人情報を利用した研究の適正な実施に関する自主規範の策定・公表を求めた上で、自主規範に則った個人情報の取扱いについては、個人情報保護委員会は、原則として、その監督権限を行使しないこととしている（改正個情法59条）。

(6) 令和２年改正の反映

令和3年改正では、上述のような個人情報保護法制の統合、地方公共団体の個人情報保護制度について個人情報保護法で規律、全体の所管を個人情報保護委員会に一元化といった内容の他に、令和2年改正における民間に対する規律（**本章1(2)**（⇒p.6）参照）が導入されている。

不適正な利用の禁止（改正個情法63条）、漏えい等の報告等（同法64条）、外国にある第三者への提供の制限（同法71条）、個人関連情報の提供を受ける者に対する措置請求（同法72条）、仮名加工情報の取扱いに係る義務（同法73条）については、民間部門だけを対象とした令和2年改正で新設された規定である。そして、漏えい等の報告等（同法68条）もこれまでは告示による努力義務であったものが、個人情報保護法に基づく義務とされている。

これらの規定が、令和3年改正に合わせて、改正個人情報保護法で、公的部門にも反映されている。もっとも、個人関連情報の提供を受ける者に対する措置請求等については、民間部門と異なる規律となっており、注意が必要である。実際の運用にあたっても、民間部門と異なる運用が行われる可能性があり、公的部門ガイドラインの内容について注意する必要がある。

コラム

「データ流通」の意義

地方公共団体の個人情報保護制度の在り方（改正の方向性）では、〈地方公共団体の個人情報保護制度に求められるもの〉として、「社会全体のデジタル化に対応した『個人情報保護』と『データ流通』の両立」があげられていた。ここには、「いわゆる『2,000個問題』　①団体ごとの規定・運用の相違が、データ流通の支障となりうること②条例がないなど、求められる保護水準を満たさない団体があること等への問題提起がなされている」との説明が付されていた。

「データ流通」の定義については、国会審議を含めて詳しい説明はないが、最終報告における議論を前提とすると、公的部門と民間部門との間でのデータ流通となる。なお、令和3年改正では、公的部門内でのデータ流通を促進する方向での議論は見当たらない。

もっとも、地方公共団体のデータのうち、データ流通ができないことが問題となっていた医療分野・学術分野の規制は、国公立の病院、大学等には原則として民間の病院、大学等と同等の規律を適用する形で統一されたことや定義の統一などにより、解決が図られている。

また、改正個人情報保護法でも、行政機関等からの利用及び提供については、同法69条2項4号で、「保有個人情報を提供することについて特別の理由があるとき」に制限されており、「データ流通」を目的として、同法に基づく提供がされることは考え難い。

さらに、改正個人情報保護法のもとで、公的部門から民間部門へのデータ流通を行うには、匿名加工情報として提供するために、匿名加工情報に加工する場合には、統一の規定があり、団体ごとの規定・運用の相違は問題とならない。

地方公共団体ごとの規定・運用の相違が問題になる場合として、「甲市・乙市の条例では、市が本人の同意を得た場合に個人データの第三者提供が認められている。A社を通じた本人同意取得が認められるか、両市の条例に対する解釈が異なればA社の対応は煩雑に。両市の解釈が明らかになったとしても、同様に解釈上の疑義が存在する自治体条例は多数。広域連携に際し該当する全自治体に解釈の確認を行うことはA社にとって事実上不可能」という事案（個人情報保護制度の見直しに関する検討会第7回　配布資料2）が考えられる。

もっとも、このような事案の有無、事例数、具体例については、総務省及び個人情報保護委員会による公開資料でも明らかにされておらず、どの程度実際に支障が生じているのかは不明である。

このように考えると、「データ流通」が具体的に何を意味していたのか、適切な根拠となる立法事実があったのかは不明である。そもそも、これまで行政機関非識別加工情報の提供された事例がほとんどないことからすると（コラム「匿名加工情報の利活用について」（⇒p.183）参照)、民間事業者からの具体的な「データ流通」の需要があるのか、需要があっても地方公共団体が需要に合う情報を提供できるのかはわからない。

「データ流通」を進めるのであれば、具体的な事例や適切な同意取得の方法を含め、公的部門ガイドライン等で示されることが重要であろう。

第2章

変わる自治体の個人情報保護

1 施行前に検討すべきこと

(1) はじめに

改正個人情報保護法は、地方公共団体に対しても「令和5年5月18日までで政令で定める日」に施行される予定である。施行後は、個人情報保護条例は「一旦リセット」され（第204回通常国会衆議院内閣委員会会議録11号〔令和3年3月19日〕[平井卓也大臣答弁]）、改正個人情報保護法で定められた内容に従うため、地方公共団体における独自の保護措置については、個人情報保護条例として制定することが可能な範囲内で、改めて規定することとなる。

地方公共団体では、施行前に、ア　現在施行されている個人情報保護条例を棚卸しして、改正個人情報保護法との違う点を区分した上で、イ　個人情報保護条例の改廃、制定を行い、ウ　実務における運用を変更する必要がある。

なお、改正個人情報保護法への統一が「個人の権利利益の保護」に資するかは今後の実務次第だが、地方公共団体も、個人情報保護委員会が公表するガイドラインの内容が適正なものであるか、施行後の監視が適切になされるかを注視していく必要がある。

ア　個人情報保護条例の棚卸しと区分

ポイント 地域の特性に照らして、現在のまま存続するものと変更が必要となるものを棚卸しして、区分する必要がある。

個人情報保護条例は、個人情報保護法制定以前から各地方公共団体の議会で制定されており、その内容については、現行の行政機関個人情報保護法を参考にしながらも、各地方公共団体独自の保護規定が置かれているのが通常である。

現在施行されている個人情報保護条例の多くと改正個人情報保護法を比べると、代表的なものだけでも、個人情報保護条例では、①生者の個人情報の他に、死者の個人情報も保護対象とされている、②本人から直接情報を収集することが原則とされている（本人収集原則）、③個人情報の目的外利用・提供をするには、審議会に諮問しなければいけないとされている（審議会諮問条項がある）、④個人情報ファイルではなく、個人情報取扱事務登録簿が作成及び公表されている、⑤外部機関とのオンライン結合が制限されている、といった違いがある。

地方公共団体では、改正個人情報保護法が施行されるまでに、地域の特性に照らして、現在のまま存続するものと変更が必要となるものを棚卸しして、区分する必要がある。

なお、地方公共団体の個人情報保護条例の実態については、総務省自治行政局が毎年、「地方自治情報管理概要」を公表していたが、令和3年改正にあたり、個人情報保護委員会事務局が令和2年5月に「個人情報保護条例に係る実態調査結果」（概要と資料編がある）を公表し、総務省自治行政局が同年11月に「地方公共団体の個人情報保護制度の在り方検討に関する調査結果」を公表しているので、本書では必要に応じ、これらの調査結果も紹介していく。

イ　個人情報保護条例の改廃、制定

ポイント 地域の特性に照らし特に必要がある場合に限り、条例で独自の保護措置を設けることが認められる。

改正個人情報保護法と現行の個人情報保護条例の内容に違いがある場合、個人情報保護条例を改廃し、個人情報の取扱実務の運用を変更する必要がある。

国会の審議における、政府参考人からの答弁（第204回通常国会衆議

院内閣委員会会議録11号〔令和3年3月19日〕[時澤忠政府参考人答弁]、第204回通常国会参議院内閣委員会会議録14号〔令和3年4月22日〕[冨安泰一郎政府参考人答弁]、同会議録15号〔令和3年4月27日〕[時澤忠政府参考人答弁])をまとめると、個人情報保護条例について、上記アの棚卸しを踏まえて、各自治体で次のように改廃等を行う必要がある。

① 既存の条例の規定のうち改正後の個人情報保護法と実質的に同趣旨のものは、存置する必要がなくなることから、各地方公共団体において改正法の施行までに廃止する。

② 既存の条例の規定のうち改正後の個人情報保護法の内容と矛盾、抵触するものは、各地方公共団体において改正法の施行までに廃止する。

③ 既存の条例の規定のうち改正後の個人情報保護法の罰則規定と同じ行為を処罰するものは、二重処罰禁止の観点から、改正法の施行とともに失効させる。

上記③について、デジタル社会形成整備法附則10条では、「地方公共団体の条例の規定で、第51条改正後個人情報保護法で規制する行為を処罰する旨を定めているものの当該行為に係る部分については、第51条の規定の施行と同時に、その効力を失うものとする。」との規定が置かれている(**本章1(27)ア**(⇒p.197)参照)。

また、国会審議で、地方公共団体で個人情報保護条例として定めることができる内容に関する基本的な考え方については、次のように説明されている。

個人情報の保護と利活用の適正なバランスを実現するための共通ルールを設定することが今回の法律の改正趣旨であり、一定の事項については、明文の規定がなくとも条例で規定をすることができる。もっとも、法全体の趣旨に照らすと、改正後の個人情報保護法において、条例で独自の保護措置を設けることが認められるのは、地域の特性に照らし特に必要がある場合に限られる。なお、予測可能性を確保する観点から、現行の地方公共団体の条例の規定のうち、改正案の施行後も地方公共団体の独自の保護措置として規定を置くことが想定される事項については、改正案の中で明文の規定も置いている。

同じく、国会審議において、個人情報保護条例で定めることができる内容については、次のように整理されている。なお、条例制定後、個人情報保護委員会へ届け出るとの規定はあるが（改正個情法167条）、制定前に事前に国との協議をすることは不要であるとされている（本章**2**（4）エ（⇒p.218）参照）。

改正個人情報保護法で定めることができる旨の明文規定があるもの

① 条例要配慮個人情報の内容（改正個情法60条5項）
② 個人情報取扱事務登録簿の作成、公表に係るもの（改正個情法75条）
③ 本人開示等請求における不開示情報の範囲（改正個情法78条2項）
④ 本人開示等請求における手数料（改正個情法89条2項）
⑤ （5章4節の規定に反しない限り）保有個人情報の開示、訂正及び利用停止の手続並びに審査請求の手続に関する事項（改正個情法108条）
⑥ 審議会等への諮問（改正個情法129条）

改正個人情報保護法で明文の規定はないが定めることができるもの

① 法の実施のための細則
② 団体内部の手続的事項
③ 具体的な法的効力を伴わない理念事項（例：自己情報コントロール権について、具体的な法的効力を伴わない理念的な規定を置く）
④ 個人情報保護以外の観点から定められる事項（例：災害等で亡くなった方の情報の取扱いについて、遺族感情の尊重の観点から、個人情報とは別の観点から条例で定める）
⑤ 地方議会の自律権に関する事項

なお、オンライン結合制限については、条例で上乗せはできないとされている。

上記のうち、④については本章**1**（4）**イ**①（⇒ｐ.52）、⑤については本章**1**（4）**サ**①（⇒ｐ.67）、オンライン結合制限については、本章**1**（13）**ウ**（⇒ｐ.106）の解説をそれぞれ参照されたい。

参考に、最終報告39頁では、個人情報保護条例の制定について次の記述があった。

「1.法律による共通ルールを適用した場合、個人情報保護法制が『個人の権利利益の保護』（個情法第1条、行個法第1条及び独個法第1条）を最重要の目的としていることを踏まえると、共通ルールよりも保護の水準を下げるような規定を条例で定めることは、法律の趣旨に反するものとして認められないものと考えられる。2.他方、共通ルールよりも保護の水準を高めるような規定を条例で定めることは、必ずしも否定されるものではないと考えられる。ただし、個人情報保護法制が『個人情報の有用性に配慮』（個情法第1条、行個法第1条及び独個法第1条）することを求めるものであり、共通ルールを設ける趣旨が個人情報保護とデータ流通の両立を図る点にあることを踏まえると、地方公共団体が条例で独自の保護措置を規定できるのは特にそのような措置を講ずる必要がある場合に限ることとするのが適当である。」

附帯決議四では、「2　地方公共団体が、その地域の特性に照らし必要な事項について、その機関又はその設立に係る地方独立行政法人が保有する個人情報の適正な取扱いに関して条例を制定することができる旨を、地方公共団体に確実に周知するとともに、地方公共団体が条例を制定する場合には、地方自治の本旨に基づき、最大限尊重すること。また、全国に適用されるべき事項については、個人情報保護法令の見直しを検討すること。」とされている。

私見ではあるが、地方公共団体は、地域の特性に照らし特に必要がある場合には、当然ながら、地方公共団体の責務として、独自の保護措置を設けることを積極的に検討するべきである。

付言すると、徳島市公安条例事件最高裁判決（最大判昭和50年9月10日刑集29巻8号489頁）の定式に従うと、「国の法令と条例の目的が異なる場合には、条例の適用によって法令の意図する目的と効果を阻害しない限り、条例による規制は国の法令に違反しない」（宇賀・地方自治233頁）こととなる。したがって、「個人の権利利益」の保護と異なる目的で条例を定めることは、法令の意図する目的と効果を阻害しない限り許容される。なお、「個人の権利利益」の内容については、**本章1（2）ア**（⇒p.41）を参照されたい。

ウ　実務における取扱いの確認と運用の変更

ポイント 個人情報の取扱い（運用レベル）についても、調査の上、改正個人情報保護法に則したものとする必要がある。

改正個人情報保護法により個人情報の取扱いに変更が生じるかどうか、地方公共団体における個人情報の取扱いについて改めて調査（データマッピング）したうえで、改正個人情報保護法に従って運用を変更する必要がある。

特に、既に個人情報ファイル簿による管理がされている地方公共団体でも、令和2年改正を反映して追加された、外国にある第三者への提供や個人関連情報の提供の有無については、改めて調査（データマッピング）をする必要がある。

なお、デジタル社会形成整備法附則8条では、国は地方公共団体の機関等における改正後の個人情報保護法の施行のために必要な準備行為の実施状況を把握した上で、必要があると認めるときは、当該準備行為について技術的な助言又は勧告をするとされている。

（第51条の規定の施行に伴う準備行為）

第8条 国は、第51条の規定による改正後の個人情報の保護に関する法律（以下この条、次条及び附則第10条第1項において「第51条改正後個人情報保護法」という。）の規定による地方公共団体の機関及び地方独立行政法人の保有する個人情報の適正な取扱いを確保するため、地方公共団体に対して必要な資料の提出を求めることその他の方法により地方公共団体の機関及び地方独立行政法人における第51条改正後個人情報保護法の施行のために必要な準備行為の実施状況を把握した上で、必要があると認めるときは、当該準備行為について技術的な助言又は勧告をするものとする。

2 第51条改正後個人情報保護法第161条第1項の規定による届出は、第51条の規定の施行の日（次条において「第51条施行日」という。）前においても行うことができる。

コラム　個人情報の取扱いに関する場面分け

OECD8原則に照らすと、個人情報の取扱いについては、①取得、②利用、③管理、④提供、⑤開示、訂正及び利用停止の場面に分けて検討するとわかりやすい（図A参照）。なお、個人情報保護委員会では、従前、個人情報保護法に関する民間部門の規律については、①取得・利用に関するルール、②保管に関するルール、③提供に関するルール、④開示等の求めに関するルールの大きく4つに分類している。

以下、①取得、②利用、③管理、④提供、⑤開示、訂正及び利用停止の場面について、それぞれ主なルールを説明する（表B参照）。詳細な内容は、各条の説明を参考されたい。

また、改正個人情報保護法における各場面ごとの規律の分類イメージ（図C）をもとに条文を読むとわかりやすいので、併せて参照されたい。

A. 個人情報の取扱いに関する場面分け

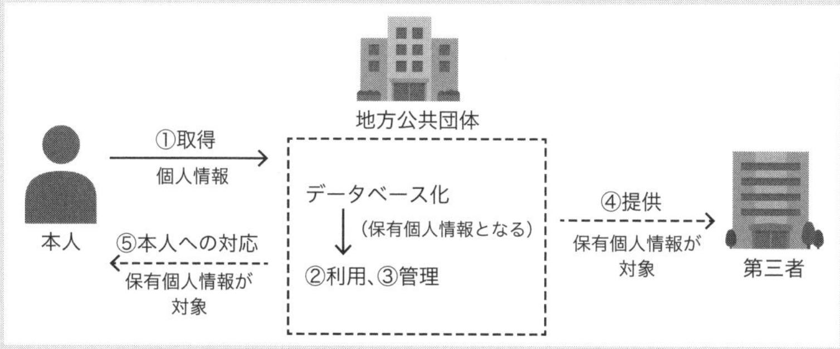

B. 場面ごとの主なルール

①取　得	・保有の制限：個人情報を保有するにあたっては、利用目的をできる限り特定しなければならない（改正個情法61条1項）。利用目的の達成に必要な範囲を超えて個人情報を保有してはならない（改正個情法61条2項）。 ・利用目的の明示：本人から直接書面で個人情報を取得するときは、原則として、あらかじめ本人に対して 利用目的を明示しなければならない（改正個情法62条）。 ・適正な取得：偽りその他不正の手段により個人情報を取得してはならない（改正個情法64条）。
②利　用	・利用の制限：原則として、利用目的以外の目的のために、保有個人情報を利用してはならない（改正個情法69条）。 ・不適正な利用の禁止：個人情報を不適正に利用してはならない（改正個情法63条）。
③管　理	・正確性の確保：利用目的の達成に必要な範囲内で、保有個人情報が過去又は現在の事実と合致するように努めなければならない（改正個情法65条）。 ・安全確保の措置：保有個人情報の漏えいなどの防止のために必要な措置を講じなければならない（改正個情法66条）。 ・漏えい等の報告等：一定の漏えい等が発生した場合には、当該事態が生じた旨を個人情報保護委員会に報告し、原則として本人に通知しなければならない（改正個情法68条）。 ・従業者の義務：業務に関して知り得た個人情報の内容をみだりに他人に知らせたり、不当な目的に利用してはならない（改正個情法67条）。
④提　供	・提供の制限：原則として、利用目的以外の目的のために、保有個人情報を提供してはならない（改正個情法69条）。 ・保有個人情報の提供を受ける者に対する措置請求：保有個人情報を提供する場合、必要があると認めるときは、必要な措置を講ずることを求める（改正個情法70条）。 ・外国にある第三者への提供の制限：外国にある第三者に利用目的以外の目的のために保有個人情報を提供する場合、原則として本人の同意を得なければならない（改正個情法71条）。 ・個人関連情報の提供を受ける者に対する措置要求：第三者に個人関連情報を

	提供する場合、必要があると認めるときは、必要な措置を講ずることを求める（改正個情法72条）。 ・仮名加工情報の取扱いに係る義務：法令に基づく場合を除くほか、仮名加工情報を第三者に提供してはならない（改正個情法73条）。 ・行政機関等匿名加工情報の作成及び提供等：行政機関の長等は、一定の場合、行政機関等匿名加工情報を作成・提供できる。
⑤開示請求等	・個人情報ファイル簿の作成及び公表：保有している個人情報ファイルについて、個人情報ファイル簿を作成し、公表しなければならない（改正個情法75条）。 ・開示：誰でも、自分に関する個人情報を保有している地方公共団体等に、自分の個人情報の開示を請求できる（改正個情法76条～）。 ・訂正：誰でも、開示を受けた個人情報について、内容が事実でないと思ったときは、訂正を請求できる（改正個情法90条～）。 ・利用停止：誰でも、開示を受けた個人情報について、一定の法令に違反していると思ったときは、利用停止を請求できる（改正個情法98条～）。

C. 改正個情法における場面ごとの規律の分類イメージ（著者作成）

カッコ内の数字は、令和３年改正全面施行後における条番号。二重枠線となっているのは行政機関個人情報保護法で定めがなく、令和３年改正で新設された規律である。なお、図Cでは、わかりやすくするために、③管理と②利用の順を入れ替えて記載している。

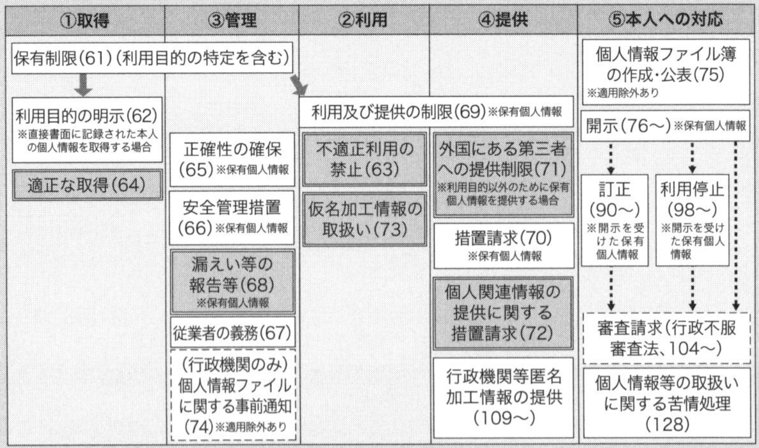

なお、令和２年改正による民間部門の規律については、拙著『データ利活用とプライバシー・個人情報保護』（青林書院、2020）の2章1節［2］「個人情報保護法の概要と取扱場面」を参照されたい。

エ　各条文の説明について

以下本節では、行政機関個人情報保護法の解釈に基づいて、条文を基礎とした説明をしていく。

○概要・改正による変更点では、必要に応じ、趣旨、行政機関個人情報保護法における取扱い、最終報告、国会での審理内容、規律の考え方について、説明をしていく。

○地方公共団体における注意点では、個人情報保護委員会や総務省自治行政局による調査を基に、個人情報保護条例で、改正個人情報保護法と異なる規定が置かれている場合が多い規定について、関連する条文のところで説明をしていく。「改正個情法○条」と記載のある条文の番号は、地方公共団体・地方独立行政法人に関して改正個人情報保護法が全面施行された時点（令和5年5月18日までで政令で定める日）以降のものとしている。

なお、現行法の解説については、現行の行政機関個人情報保護法の実務に合わせるために、監督官庁である総務省のホームページに掲載されている「よくある質問とその回答」と、行政機関個人情報保護法制定後に、同法を所管する総務省行政管理局が監修した『行政機関等個人情報保護法の解説』を参考にした。

コラム

改正個人情報保護法と条例の関係

これまで、地方公共団体が個人情報保護に関する規律を定め、日本における個人情報保護法制をリードしてきた。もっとも、改正個人情報保護法により、個人情報保護条例は、「一旦リセット」されることとなった。シンプルに説明すると、これまで数十年にわたり、各地方公共団体ごとにオーダーメイド品として作成されてきた規制が、国、都道府県、地方公共団体等で共通の既成品に統一されることとなる。

今回の改正個人情報保護法による統一が地方自治の本旨（憲法92条）を侵害しないかが問題になるが、国会の審議では、今回の改正が自治体の条例制定権侵害に当たらないのかどうかについて、「今回の改正は、改正後におきましても、地域の特性に照らして必要がある場合には法律の範囲内で条例により独自の保護措置を講ずることが可能となるものでございます。また、今回の改正によりまして個人情報保護委員会に与えられます地方公共団体に対する勧告等の権限、これも国の関与に関する地方自治法上の一般原則の枠内というものでございます。したがいまして、今回の改正法案につきましては、地方自治を一方的に制約するものではなくて、地方自治の本旨に反するものではないと考えて」いるとの答弁がされている（第204回通常国会参議院内閣委員開会会議録15号〔令和3年4月27日〕［時澤忠政府参考人答弁］）。

法律の委任がなくとも地方公共団体が条例制定権を有することは憲法94条の規定からも明らかであり、地方公共団体の判断は尊重されなければならない。

なお、令和3年個人情報保護法改正前は、個人情報保護法11条1項（地方公共団体等が保有する個人情報の保護）の「必要な措置」との関係で、地方公共団体がいわゆる上乗せ・横出しの規制を条例で設けることができるかに関し、次の解釈が示されていた（個情法の解説128頁）。

「この点については、法律と条例の関係について論じられている一般的考え方による。ただし、本法は、民間部門について必要最小限度の規律を設ける一般法としての性格を有しており、個別分野については個別法等の措置が講ぜられることが予定されている（第6条）。個別法等を整備する趣旨は『適正な取り扱いのより厳格な実施を確保するため』であり、これを踏まえれば本法の規制を緩める方向での条例は本法の趣旨に沿わないと考えられる。

規制を強化する場合においても、本法の法目的で『個人情報の有用性に配慮しつつ、個人の権利利益を保護すること』としており、また、行政規制の一般法理としても規制の必要性と事業者の負担とは比例すべきであることから、あまりに事業者に過剰な負担をもたらす規制は適当なものとは言えないと考えられる。」

地方公共団体における個人情報保護法制のイメージ（令和３年改正後）

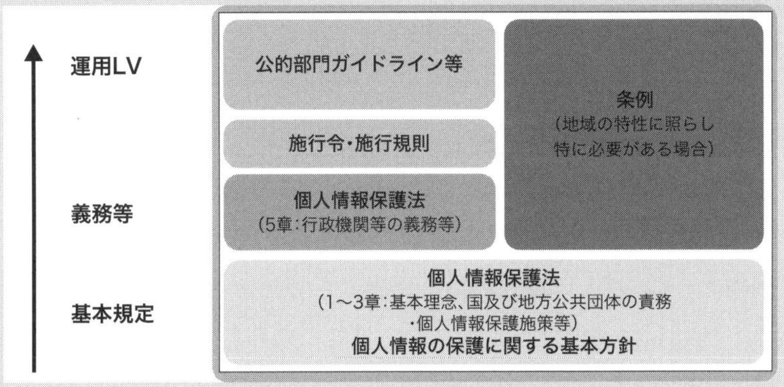

(2) 目的・基本理念

ア　目的（改正個情法１条）

（改正前：個情法１条、行個法１条）

（目的）

第１条　この法律は、デジタル社会の進展に伴い個人情報の利用が著しく拡大していることに鑑み、個人情報の適正な取扱いに関し、基本理念及び政府による基本方針の作成その他の個人情報の保護に関する施策の基本となる事項を定め、国及び地方公共団体の責務等を明らかにし、個人情報を取り扱う事業者及び行政機関等についてこれらの特性に応じて遵守すべき義務等を定めるとともに、個人情報保護委員会を設置することにより、行政機関等の事務及び事業の適正かつ円滑な運営を図り、並びに個人情報の適正かつ効果的な活用が新たな産業の創出並びに活力ある経済社会及び豊かな国民生活の実現に資するものであることその他の個人情報の有用性に配慮しつつ、個人の権利利益を保護することを目的とする。

ポイント 個人情報保護法の主目的は、個人の権利利益を保護することにある。

○概要・改正による変更点

個人情報保護法は、その目的について、「行政機関等の事務及び事業の適正かつ円滑な運営を図り、（中略）その他の個人情報の有用性に配慮しつつ、個人の権利利益を保護することを目的とする」として、個人の権利利益を保護することが主目的であることを明らかにしている。

行政機関個人情報保護法における目的規定（行個法1条）についても、同趣旨の内容が記載されており、「『行政の適正かつ円滑な運営』、『個人情報の有用性』と個人の権利利益の保護を対等の立場で比較衡量するのではなく、個人の権利利益の保護が第一次目的であるという基本的立場を維持している」とされていた（宇賀・個人情報398頁）。

「個人の権利利益」については、個人情報の取扱いの態様いかんによって侵害されるおそれのある「個人の人格的、財産的な権利利益」全般であり、プライバシーはその主要なものであるが、それに限られない、とされている（個情法の解説53頁）。行政機関個人情報保護法でも、「個人の権利利益」とは、個人情報の取扱いによって侵害されるおそれのある、個人の人格的、財産的な権利利益とされていた（行個法の解説9頁）。

なお、デジタル社会形成整備法に関する国会の審議では、個人情報保護法と自己情報コントロール権の関係に関連して、繰り返し質問がなされていた。

令和3年改正では、従前の規定に比べると、主に、①「高度情報通信社会」という文言が「デジタル社会」（インターネットその他の高度情報通信ネットワークを通じて自由かつ安全に多様な情報又は知識を世界的規模で入手し、共有し、又は発信するとともに、情報通信技術を用いた情報の活用により、あらゆる分野における創造的かつ活力ある発展が可能となる社会）（正確な表現については、デジタル社会形成基本法2条参照）に変更された。また、②個人情報保護法が行政機関等について特性に応じて遵守すべき義務等を定めるものであること、③個人情報保護委員会を設置することにより、行政機関等の事務及び事業の適正かつ円滑な運営を図ることが追加されている。

イ　基本理念（改正個情法３条）

（改正前：個情法３条）

（基本理念）
第３条　個人情報は、個人の人格尊重の理念の下に慎重に取り扱われるべきものであることに鑑み、その適正な取扱いが図られなければならない。

○概要・改正による変更点

個人情報が個人の人格の理念の下に慎重に取り扱われ、適正な取扱いが図られるべきものであるという個人情報保護法全体に通じる基本理念を表現している（個情法の解説97頁）。

行政機関個人情報保護法では当該定めに該当する具体的規定はなかったが、基本理念として行政機関にも適用されていたものと解される。

令和3年改正による変更はない。

(3) 国及び地方公共団体の責務等

次に、国及び地方公共団体の責務等（2章）、個人情報の保護に関する施策等（3章）に関する定めのうち、地方公共団体に関連する規定について説明していこう。

ア　国の責務（改正個情法４条）

（改正前：個情法４条）

（国の責務）

第４条　国は、この法律の趣旨にのっとり、国の機関、地方公共団体の機関、独立行政法人等、地方独立行政法人及び事業者等による個人情報の適正な取扱いを確保するために必要な施策を総合的に策定し、及びこれを実施する責務を有する。

○概要・改正による変更点

国の責務に、地方公共団体の機関、地方独立行政法人による個人情報の適正な取扱いを確保するために必要な施策が含まれることが明確化された。

イ　地方公共団体の責務（改正個情法５条）

（改正前：個情法５条）

（地方公共団体の責務）

第５条　地方公共団体は、この法律の趣旨にのっとり、国の施策との整合性に配慮しつつ、その地方公共団体の区域の特性に応じて、地方公共団体の機関、地方独立行政法人及び当該区域内の事業者等による個人情報の適正な取扱いを確保するために必要な施策を策定し、及びこれを実施する責務を有する。

○概要・改正による変更点

個人情報保護法5条では、地方公共団体には、それぞれの区域の特性に応じて、個人情報保護法の趣旨にのっとった個人情報の適正な取り扱いを確保するために必要な施策を策定、実施する責務があるとされている（個情法の解説103頁）。令和3年改正前までは、地方公共団体における具体的な措置は、個人情報保護条例に委ねられてきた。

改正により、「国の施策との整合性に配慮しつつ」という要素が加えられたほか、「地方公共団体の機関、地方独立行政法人及び当該区域内の事業者等による」個人情報の取扱いという限定が付されている。

ウ　個人情報の保護に関する基本方針（改正個情法７条）

（改正前：個情法７条）

第７条　政府は、個人情報の保護に関する施策の総合的かつ一体的な推進を図るため、個人情報の保護に関する基本方針（以下「基本方針」という。）を定めなければならない。

2　基本方針は、次に掲げる事項について定めるものとする。

一　個人情報の保護に関する施策の推進に関する基本的な方向

二　国が講ずべき個人情報の保護のための措置に関する事項

三　地方公共団体が講ずべき個人情報の保護のための措置に関する基本的な事項

四　独立行政法人等が講ずべき個人情報の保護のための措置に関する基本的な事項

五　地方独立行政法人が講ずべき個人情報の保護のための措置に関する基本的な事項

六　第16条第2項に規定する個人情報取扱事業者、同条第5項に規定する仮名加工情報取扱事業者及び同条第6項に規定する匿名加工情報取扱事業者並びに第51条第１項に規定する認定個人情報保護団体が講ずべき個人情報の保護のための措置に関する基本的な事項

七　個人情報の取扱いに関する苦情の円滑な処理に関する事項

八　その他個人情報の保護に関する施策の推進に関する重要事項

3　内閣総理大臣は、個人情報保護委員会が作成した基本方針の案に

ついて閣議の決定を求めなければならない。
4 内閣総理大臣は、前項の規定による閣議の決定があったときは、遅滞なく、基本方針を公表しなければならない。
5 前2項の規定は、基本方針の変更について準用する。

○概要・改正による変更点

個人情報保護法の下に、関連する個別の法令や制度施策が全体として総合的かつ一体的に運用されるよう、政府において個人情報の保護に関して基本となる方針を定めるべき旨を定めるとともに、その内容及び関連する手続について定めたものである（個情法の解説110頁）。

個人情報の保護に関する基本方針（平成30年6月12日一部変更）では、地方公共団体が講ずべき個人情報の保護のための措置に関する基本的な事項として、⑴地方公共団体の保有する個人情報の保護の推進、⑵広報・啓発等住民・事業者等への支援、⑶国・地方公共団体の連携の在り方等について記載されている。また、地方独立行政法人が講ずべき個人情報の保護のための措置に関する基本的な事項についても記載がある。

個人情報の保護に関する基本方針については、令和2年改正、令和3年改正に応じ、改訂される見込みである。

エ 地方公共団体等への支援（改正個情法９条）

（改正前：個情法８条）

（地方公共団体等への支援）
第９条 国は、地方公共団体が策定し、又は実施する個人情報の保護に関する施策及び国民又は事業者等が個人情報の適正な取扱いの確保に関して行う活動を支援するため、情報の提供、地方公共団体又は事業者等が講ずべき措置の適切かつ有効な実施を図るための指針の策定その他の必要な措置を講ずるものとする。

○概要・改正による変更点

国が地方公共団体に対して、講ずべき措置の適切かつ有効な実施を図るための指針の策定その他の必要な措置を講ずるものとされている。この義務に応じて、国では、地方公共団体も対象とした、公的部門ガイドライン等を公表する予定となっている。

オ　個人情報の適正な取扱いを確保するための措置（改正個情法11条）

（改正前：個情法10条）

（個人情報の適正な取扱いを確保するための措置）
第11条　国は、地方公共団体との適切な役割分担を通じ、次章に規定する個人情報取扱事業者による個人情報の適正な取扱いを確保するために必要な措置を講ずるものとする。
2　国は、第5章に規定する地方公共団体及び地方独立行政法人による個人情報の適正な取扱いを確保するために必要な措置を講ずるものとする。

○概要・改正による変更点

本条1項には、個人情報保護委員会及び同委員会から権限の委任を受けた地方公共団体が、地方公共団体との適切な役割分担を通じて、個人情報取扱事業者に対する報告及び立入検査（改正個情法146条）、指導及び助言（改正個情法147条）、勧告及び命令（改正個情法148条）等の必要な措置を行使することが含まれている。

本条2項は、令和3年改正により新設されたもので、民間部門に対してと同様に、個人情報保護委員会が、地方公共団体及び地方独立行政法人に対して、報告徴収及び現地検査（改正個情法156条）、指導及び助言（改正個情法157条）、勧告及び命令（改正個情法158条）等の必要な措置を行使することが含まれている。

なお、国の機関等に関する同趣旨の規定は、改正個人情報保護法8条（国の機関等が保有する個人情報の保護）で追加されている。

カ　地方公共団体の機関等が保有する個人情報の保護（改正個情法12条）

（改正前：個情法11条）

（地方公共団体の機関等が保有する個人情報の保護）
第12条　地方公共団体は、その機関が保有する個人情報の適正な取扱いが確保されるよう必要な措置を講ずるものとする。
2　地方公共団体は、その設立に係る地方独立行政法人について、その保有する個人情報の適正な取扱いが確保されるよう必要な措置を講ずるものとする。

○概要・改正による変更点

地方公共団体が、個人情報の適正な取扱いが確保されるよう必要な措置を講ずることを定めたものである。「必要な措置」とは、地方公共団体が保有する個人情報の適正な取り扱いを確保するための制度施策その他の保護措置をいうとされており、条例の整備の他には、職員に対する研修、広報啓発等が想定される（個情法の解説128頁）。

本条1項について、改正前の個人情報保護法11条1項の文言は「地方公共団体は、その保有する個人情報の性質、当該個人情報を保有する目的等を勘案し、その保有する個人情報の適正な取扱いが確保されるよう必要な措置を講ずることに努めなければならない」となっている。「個人情報の性質、当該個人情報を保有する目的等を勘案し」との文言が削除されているが、同文言は地方公共団体がその保有する個人情報の適正な取扱いが確保されるよう必要な措置を講ずる際に勘案すべき事項の例示とされており（個情法の解説127頁）、この部分の削除による影響は小さいといえる。

本条2項について、改正前の個人情報保護法11条2項の文言では「地方公共団体は、その設立に係る地方独立行政法人について、その性質及び業務内容に応じ、その保有する個人情報の適正な取扱いが確保されるよう必要な措置を講ずることに努めなければならない。」とされていたが、「その性質及び業務内容に応じ」という部分は削除された。

1項・2項ともに、改正前は努力義務であったが、改正後は通常の義務規定に変更されることになる。

キ　区域内の事業者等への支援（改正個情法13条）

（改正前：個情法12条）

（区域内の事業者等への支援）
第13条　地方公共団体は、個人情報の適正な取扱いを確保するため、その区域内の事業者及び住民に対する支援に必要な措置を講ずるよう努めなければならない。

○概要・改正による変更点

「支援に必要な措置」について、従前は、個人情報の適正な取扱いを確保するための事業者向けの指針の策定、関係法令の内容の周知、認定個人情報保護団体など苦情の申し出先に関する広報等事前の情報提供等とされていたが（個情法の解説131頁）、詳しくは公的部門ガイドラインによって明らかにされることとなる。

改正による条文の変更はない。

ク　苦情の処理のあっせん等（改正個情法14条）

（改正前：個情法13条）

（苦情の処理のあっせん等）
第14条　地方公共団体は、個人情報の取扱いに関し事業者と本人との間に生じた苦情が適切かつ迅速に処理されるようにするため、苦情の処理のあっせんその他必要な措置を講ずるよう努めなければならない。

○概要・改正による変更点

文言のとおりであり、改正による条文の変更はない。

個人情報の保護に関する基本方針では、「7　個人情報の取扱いに関する苦情の円滑な処理に関する事項」に「(3)　地方公共団体における取組の在り方」が置かれており、参考にすることが望ましい。

ケ　国及び地方公共団体の協力（改正個情法15条）

（改正前：個情法14条）

第15条　国及び地方公共団体は、個人情報の保護に関する施策を講ずるにつき、相協力するものとする。

○概要・改正による変更点

国・地方公共団体間で施策を講じるにあたって相互に協力すべき旨を定めた規定であり、いわゆる基本法の中に多く見られるものである。

改正による条文の変更はない。

(4) 定　義

ポイント 要配慮個人情報の定義及び取扱いについて、特に注意する必要がある。

ア 概　要

改正個人情報保護法2条では、民間部門に関する規律及び公的部門に関する規律で共通する定義が置かれている。そして、同法60条では、公的部門だけに問題となる定義が定められている。このため、地方公共団体に関する定義規定については両条文に分かれて規定されているため、以下では両条文に記載されている規定を記載している。なお、定義規定のうち、地方公共団体に直接の関係がない、2条8項（「行政機関」)、9項(「独立行政法人等」)は条文のみ掲載した。

定義については、「規律の考え方」で、次の方針が示されており、公的部門ガイドラインで詳しい内容が規定されることとなる。

・「個人情報」、「個人識別符号」、「要配慮個人情報」、「仮名加工情報」、「匿名加工情報」及び「個人関連情報」の用語の定義については、公的部門に適用される部分も含め、令和2年改正後の個人情報保護法の解釈運用を踏襲する形で統一する。
・「個人情報保護に関する全国共通ルールを法律で定める」という令和3年改正法の目的に鑑み、現状、地方公共団体の条例において独自の定義が定められている「個人情報」や「要配慮個人情報」などの用語については、令和2年改正後の個人情報保護法で定める定義に統一することとし、条例で独自の定義を置くことは許容されない。
・上記のほか、「行政機関」、「行政機関の長」、「保有個人情報」、「個人情報ファイル」、「行政機関等匿名加工情報」及び「行政機関等匿名加工情報ファイル」の用語の定義については、現行の行政機関個人情報保護法の相当する用語の解釈運用を踏襲する。

イ　個人情報(改正個情法2条1項)

(改正前：行個法2条2項)

第2条1項　この法律において「個人情報」とは、生存する個人に関する情報であって、次の各号のいずれかに該当するものをいう。

一　当該情報に含まれる氏名、生年月日その他の記述等(文書、図画若しくは電磁的記録(電磁的方式(電子的方式、磁気的方式その他人の知覚によっては認識することができない方式をいう。次項第2号において同じ。)で作られる記録をいう。以下同じ。)に記載され、若しくは記録され、又は音声、動作その他の方法を用いて表された一切の事項(個人識別符号を除く。)をいう。以下同じ。)により特定の個人を識別することができるもの(他の情報と容易に照合することができ、それにより特定の個人を識別することができることとなるものを含む。)

二　個人識別符号が含まれるもの

○概要・改正による変更点

「個人情報」の対象が「生存する個人に関する情報」であることが規定されている（後述①参照）。

改正による変更点として、行政機関個人情報保護法では、照合に関する文言は、「（他の情報と容易に照合することができ、それにより特定の個人を識別することができることとなるものを含む。）」とされているが、「容易に」という文言が追加された（後掲②参照）。

○地方公共団体における注意点

特に、①死者に関する情報の取扱い、②他の情報との照合が問題となるため、以下検討したい。

①　死者に関する情報の取扱い

ポイント 死者に関する個人情報は個人情報には該当しない。もっとも、遺族の個人情報として保護される可能性がある。個人情報とは別の観点から、死者の情報を保護する条例を定めることは可能である。

従前、多くの地方公共団体で、死者に関する情報も規律の対象としていた。個人情報保護条例に係る調査結果概要（1－6　死者に関する情報の取扱い）によると、生者に関する情報のみを規律の対象とする地方公共団体は約4割（都道府県は36.2%、市区町村は42.6%）であり、死者に関する情報も規律の対象としている地方公共団体は約6割（都道府県63.8%、市区町村は57.4%）である。

個人情報保護法では、個人情報に該当するには、「生存する個人に関する情報」である必要があるとされており、死者に関する情報は同法の適用対象外となる。もっとも、単体では「死者に関する情報」であっても、生存する個人に関する情報に該当するものと取り扱われるべきものについては保護対象となるため、注意が必要である。死者に関する情報でも、遺族等の生存する個人に関する情報にも該当する場合には、個人情報に当たることになる。現行の行政機関個人情報保護法でも、例えば、死者に関する情報である相続財産等に関する情報の中に生存する遺族（相続人）の氏名の記載がある場合には、個人情報に該当するとされている（総務省「よくある質問とその回答」）。このほか、故人のDNA検査の結果が生存する遺族の個人情報に該当する場合もあるので、取扱いにあたっては注意が必要である。

死者に関する情報と遺族の個人情報との関係が問題となった判例としては、相続人（被上告人）が、銀行（上告人）に対し、相続人の死亡した母（被相続人）が同銀行に提出した印鑑届書の情報が、個人情報保護法2条7項に規定する相続人（被上告人）の保有個人データに該当すると主張して、同法28条1項に基づき、本件印鑑届書の写しの交付を求めた事案に関する、最判平成31年3月18日集民261号195頁がある。同判例は、「相続財産についての情報が被相続人に関するものとしてその生前に法2条1項にいう『個人に関する情報』に当たるものであったとしても、そのことから直ちに、当該情報が当該相続財産を取得した相続人等に関するものとして上記『個人に関する情報』に当たるということはできない。」と判示している。

個人情報として保護対象となるのは「生存する個人に関する情報」であることを前提に、どの情報が「生存する個人に関する情報」にあたるかを具体的に判断する必要がある。

改正個人情報保護法に関連し、最終報告41頁では、「死者に関する情報は、現行の個情法及び行個法等の定めと同様、『個人情報』には含まれないものと整理されるが、地方公共団体において、別途、個人情報とは別のものとして、死者に関する情報の保護についての規定を設け、必要な保護を図ることは考えられる。」とされていた。また、デジタル社会形成整備法案成立・公布後の2021年6月に、個人情報保護委員会が公表した、規律の考え方のうち、「これまでに地方公共団体から問合せを受けた事項についての考え方」では、令和3年改正法の個人情報保護に関する全国共通ルールを法律で定めるという目的に鑑み、現状、地方公共団体の条例において見られるような死者に関する情報を条例により個人情報に含めて規律することは、改正後の個人情報保護法の下では許容されないとされている。なお、国会の審議では、災害等で亡くなった方の情報の取扱いについて、遺族感情の尊重の観点から、個人情報とは別の観点から条例で定めることは許されるとの答弁がされている（第204回通常国会衆議院内閣委員会会議録11号〔令和3年3月19日〕［時澤忠政府参考人答弁］）。

② 他の情報との照合

> **ポイント** 個人情報は、他の情報と容易に照合されるものとなった。もっとも、個人情報の取扱実務には変更はない。

他の情報との照合に関する個人情報の定義に、「容易に」という要件が追加された。これは、データ利活用の支障となり得る現行法制の不均衡・不整合を是正するために、民間部門と公的部門で「個人情報」の定義を統一化したものと説明されている。

実態調査結果概要（1－2　個人情報の定義における照合性）によると、照合の容易性を要件としている都道府県は2.1%、市区町村は9.4%であり、照合の容易性を要件としていない都道府県は、97.9%、市区町村は80.6%である。なお、市区町村の10.0%は、他の情報との照合による識別の概念を規定していない。

従前、行個法の解説18頁では、当該情報のみでは特定の個人を識別できない場合であっても、他の情報と照合することにより特定の個人を識別することができる場合は対象とすることが適当であるとし、照合の対象となる「他の情報」については、「その保有者が他の機関である場合も含まれ、また、公知の情報や、図書館等の公共施設で一般に入手可能なものなど一般人が通常入手し得る情報が含まれる。特別の調査をすれば入手し得るかもしれないような情報については、通例は『他の情報』に含めて考える必要はない。しかし、事案によっては、個人の権利利益を保護する観点からは、個人情報の取扱いに当たって、より慎重な判断が求められる場合がある。行政機関の長は、当該個人を識別するために実施可能と考えられる手段について、その手段を実施するものと考えられる人物が誰であるか等をも視野に入れつつ、合理的な範囲で考慮することが適当である」としていた。行政機関個人情報保護法の解釈でも、他の情報との照合については、行政機関における個人情報の取扱いについてより厳格に規律する観点から、容易性が要件とされていないとされていた（宇賀・個人情報411頁）。

令和3年個人情報保護法改正で、「容易に」という要件が追加されたことにより、法解釈も変更されることになる。最終報告21頁では、①今般の一元化の機会に、匿名加工情報・仮名加工情報の識別行為禁止義務等の規律を公的部門にも導入する方針であること、②「照合可能性はあるが容易照合可能性のない情報」であって①の規律ではカバーされないものは、観念的には存在し得ても具体的には想定されないことから、実質的な影響は生じないと考えられるとされている。高橋滋他「座談会個人情報保護法の改正―官民データ流通の促進と公的部門の規律の統合」ジュリスト1561号22頁（2021）では、「差分に該当する情報として、①匿名加工情報、②外部から取得した仮名加工情報（照合表を取得してない場合）、③提供元では個人を識別できないが、提供先で個人が識別可能となる情報が想定されるところ、改正後は個人情報に該当しなくなるものの、①・②には識別行為禁止義務や安全管理措置義務を、③については提供先への措置要求義務を、それぞれ新たに導入するため、権利保護の水準は低下しないと整理され」たと説明されている。なお、匿名加工情報が個人情報に該当しないこととなったことにより、条文が新たに設けられるなどの対応が生じている(本章1（25）（⇒ｐ.169）参照)。

私見であるが、上述のように実質的な影響は生じないことが公的部門ガイドライン等で明確化されることにより現行の取扱いが変更されないのであれば、「容易に」という文言が入ったとしても、従来の行政機関個人情報保護法からの実質的な影響は生じないと評価し得る。なお、このような解釈をとった場合でも、特定の情報の個人情報該当性について、多くの個人情報を保有する行政機関等では個人情報に紐づくのに対し、民間事業者では個人情報には紐づかないことから、該当性に違いが生じ得ることを念のため付言する。

ウ　個人識別符号（改正個情法２条２項）

（改正前：行個法２条３項）

２　この法律において「個人識別符号」とは、次の各号のいずれかに該当する文字、番号、記号その他の符号のうち、政令で定めるものをいう。

一　特定の個人の身体の一部の特徴を電子計算機の用に供するために変換した文字、番号、記号その他の符号であって、当該特定の個人を識別することができるもの

二　個人に提供される役務の利用若しくは個人に販売される商品の購入に関し割り当てられ、又は個人に発行されるカードその他の書類に記載され、若しくは電磁的方式により記録された文字、番号、記号その他の符号であって、その利用者若しくは購入者又は発行を受ける者ごとに異なるものとなるように割り当てられ、又は記載され、若しくは記録されることにより、特定の利用者若しくは購入者又は発行を受ける者を識別することができるもの

○概要・改正による変更点

個人識別符号とは、生体情報を変換した符号のうち法施行規則2条で定める基準を満たすもの又は公的な番号のうち一定のものであり（改正個情法2条2項）、当該情報が個人識別符号を含む場合には、それだけで個人情報に該当する（同法2条1項）。個人識別符号に該当するものについて、詳しくは令和2年改正通則GL2－2を参照されたい。

個人識別符号の種類

個人識別符号の種類	具体例
①　生体情報を変換した符号（個人情報保護法施行規則２条で定める基準を満たすもの）	DNA、顔、虹彩、声紋、歩行の態様、手指の静脈、指紋・掌紋を変換した符合
②　公的な番号	パスポート番号、基礎年金番号、免許証番号、住民票コード、マイナンバー、各種保険証

個人識別符号は、平成27年の個人情報保護法の改正を踏まえた、平成28年の行政機関個人情報保護法等の改正により導入されていた概念であり、令和3年改正による変更はない。

○地方公共団体における注意点

実態調査結果概要（1－1　個人識別符号の定義）によると、行政機関個人情報保護法2条3項と同様の規定がある都道府県は87.2%、市区町村は54.9%であり、同様の規定がない都道府県は12.8%、市区町村は45.1%である。

これまで、個人識別符号に関する定めがない地方公共団体では、取扱いに注意が必要である。特に、個人識別符号を含むのに、個人情報に該当しないものとして取り扱っている場合がないか確認が必要となる。もっとも、地方公共団体の場合、公的な番号は個人情報と紐づけて保管されているのが通常であり、実務上の影響は限定的であろう。また、サービス提供時の認証に生体情報を利用している場合にも、その取扱いについて確認が必要となる。

エ　要配慮個人情報（改正個情法２条３項）

（改正前：行個法２条４項）

> ３　この法律において「要配慮個人情報」とは、本人の人種、信条、社会的身分、病歴、犯罪の経歴、犯罪により害を被った事実その他本人に対する不当な差別、偏見その他の不利益が生じないようにその取扱いに特に配慮を要するものとして政令で定める記述等が含まれる個人情報をいう。

○概要・改正による変更点

個人情報の中には、その内容や性質により、差別や偏見を生じさせるおそれがあるものが含まれており、人種、信条、社会的身分、病歴、犯罪の経歴、犯罪により害を被った事実等が含まれるものを「要配慮個人情報」（個情法2条3項）とし、その取扱いに本人が関与できる特別な規律が設けられている。具体的には、政令、規則で次のものが要配慮個人情報に該当するとされている（詳しい内容は、令和2年改正通則編GL2－3参照）。

要配慮個人情報に該当するもの

⑴　人種	人種、世系又は民族的若しくは種族的出身を広く意味する。なお、単純な国籍や「外国人」という情報、肌の色は、人種には含まない。
⑵　信条	個人の基本的なものの見方、考え方。思想と信仰の双方を含む。
⑶　社会的身分	ある個人にその境遇として固着していて、一生の間、自らの力によって容易にそれから脱し得ないような地位。単なる職業的地位や学歴は含まない。
⑷　病歴	病気に罹患した経歴を意味するもので、特定の病歴を示した部分（例：がんに罹患している、統合失調症を患っている等）
⑸　犯罪の経歴	前科、すなわち有罪の判決を受けこれが確定した事実
⑹　犯罪により害を被った事実等	身体的被害、精神的被害及び金銭的被害の別を問わず、犯罪の被害を受けた事実。具体的には、刑罰法令に規定される構成要件に該当し得る行為のうち、刑事事件に関する手続に着手されたもの。

⑺　身体障害、知的障害、精神障害等の障害があること	
⑻　健康診断その他の検査の結果（遺伝子検査の結果を含む）	具体的な該当例：①労働安全衛生法に基づいて行われた健康診断の結果、②同法に基づいて行われたストレスチェックの結果、③高齢者の医療の確保に関する法律に基づいて行われた特定健康診査の結果、④人間ドックなど保険者や事業主が任意で実施又は助成する検査の結果（法律に定められた健康診査の結果等に限定されない）、⑤医療機関を介さないで行われた遺伝子検査により得られた本人の遺伝型とその遺伝型の疾患へのかかりやすさに該当する結果
⑼　保健指導、診療・調剤情報	具体的な該当例：①労働安全衛生法に基づき、医師又は保健師により行われた保健指導の内容・医師により行われた面接指導の内容、②高齢者の医療の確保に関する法律に基づき医師、保健師、管理栄養士により行われた特定保健指導の内容等（保険者や事業主が任意で実施又は助成により受診した保健指導の内容も該当）、③保健指導等を受けた事実、④診療記録、⑤病院等を受診した事実、⑥調剤録、薬剤服用歴、お薬手帳に記載された情報、⑦薬局等で調剤を受けた事実

上記のほか、⑽本人を被疑者又は被告人として、逮捕、捜索等の刑事事件に関する手続が行われたこと、⑾本人を非行少年又はその疑いがある者として、保護処分等の少年の保護事件に関する手続が行われたことも要配慮個人情報となる。

平成27年の個人情報保護法の改正を踏まえ、平成28年の行政機関個人情報保護法等の改正により導入されていた概念であり、令和3年改正による変更点はない。関連する規定として、条例要配慮個人情報の規定（改正個情法60条5項）が新設されている。

○地方公共団体における注意点

ポイント 要配慮個人情報の範囲について、従来の個人情報保護条例とどのような差異があるか確認し、取扱いを変更する必要がある。要配慮個人情報に関する収集・記録規制はなくなる。

注意点は、①要配慮個人情報の範囲と、②要配慮個人情報の取扱いの2点に分けられる。

① 要配慮個人情報の範囲

地方公共団体でも、これまで要配慮個人情報に該当するものの取扱いを制限する規定が置かれていることが多かったが、改正個人情報保護法における要配慮個人情報と対象が同じであるかは確認が必要となる。

実態調査結果概要によると、行政機関個人情報保護法2条4項と同様の規定がある都道府県は76.6%、市区町村は52.6%で、規定がない都道府県は23.4%、市区町村は47.4%である。また、市町村のうち、信条（思想、信教、宗教、信仰を含む）をセンシティブ情報として取り扱っていた割合は85.4%であったが、病歴については51.8%であった（実態調査結果概要（2－3 センシティブ情報の取扱いに関する制限規定））。

② 要配慮個人情報の取扱い

改正個人情報保護法上は、要配慮個人情報に関する収集制限に関する明文の規定はない。要配慮個人情報に関する明文上の違いとしては、①個人情報ファイル簿の作成及び公表（改正個情法75条、同法74条1項6号）において、「記録情報に要配慮個人情報が含まれるときは、その旨」を記載する必要があるとされていることと、②要配慮個人情報が含まれる保有個人情報の漏えい等が発生したときに、個人情報保護委員会への報告等が必要となること（改正個情法68条1項、改正個情法施行規則43条）（本章1（12）（⇒ｐ.95）参照）に過ぎない。

行政機関個人情報保護法でも、情報自体の性格から個人の人格的利益に関わるおそれのある、いわゆるセンシティブ情報の収集制限規定が設けられていなかった。この理由については、①何がセンシティブ情報であるかはその利用目的・方法で大きく異なり、あらかじめ類型的に定義することは困難であること、②仮に、思想・信条といった情報を行政機関が収集することを禁止したら、例えば、読書感想文や作文を募集することも不可能になってしまうおそれがあるなど、非現実的な側面があること、③行政機関は、いわゆるセンシティブ情報と呼ばれる情報であっても、犯罪の捜査等の公共の利益のため、収集せざるを得ない場合があること、④ ①から③から考えると重要なのはあらゆる個人情報について、行政機関による利用目的の達成に必要のない個人情報の保有や、利用目的以外の利用・提供を厳しく制限することであると説明されていた（行個法の解説24頁）。

ほぼすべての地方公共団体（都道府県の95.7%、市区町村の94.4%）で、いわゆるセンシティブな個人情報の収集又は記録を規制する収集・記録規制を設けており（実態調査結果概要）、個人情報保護の観点からは、要配慮個人情報の定義が統一されたことより、収集・記録規制に関する明文規定がなくなったことによる影響の方が大きい（**本章1(5)③**（⇒p.80）参照）。なお、民間部門における規律では、要配慮個人情報を取得する際にあらかじめ本人の同意が必要となる（改正個情法20条2項）等の規定がある。

地方ヒアリング提出資料では、都道府県に国と同じ規律を導入することに支障があるとする主な理由として、「①要配慮個人情報の保有制限を撤廃すると、県における個人情報の取扱いが後退したと受け取られる懸念がある、②住民に接する機会の多い地方ではセンシティブ情報に接する機会が多く切実な状況にあり、多くの自治体で取得を一律に禁止している現状を鑑み、国が地方の規律の仕方に合わせることで適正なセンシティブ情報の取扱いに資する」としていた。

最終報告36頁では、「個人情報の保有に関し、現在、地方公共団体の条例には、要配慮個人情報の取得制限等、行個法には直接対応した規定のない規律を設ける例が多く見られる。ただし、これらの取得制限規定では、例外的に取得可能な場合も併せて定められており、取得を全面的に禁止している例は見られない。この点、行個法上、個人情報の保有は、法令の定める所掌事務の遂行に必要な場合に利用目的の達成に必要な範囲内でのみ認められているものであり（第3条）、行個法上個人情報を保有できる範囲と、上記のような取得制限規定がある条例上（要配慮個人情報等の）個人情報を保有できる範囲とは、概ね同様であると考えられる。」との説明がされている。そして、個人情報保護委員会が2021年6月に公表した、規律の考え方「これまでに地方公共団体から問合せを受けた事項についての考え方」では、「法第60条第5項の規定に基づき、地方公共団体は、地域特性に応じて『条例要配慮個人情報』に関する定めを条例に設けることができるが、令和3年改正法の個人情報保護に関する全国共通ルールを法律で定めるという目的に鑑み、法の規律を超えて、地方公共団体による取得や提供等に関する独自の規律を追加することや、民間の個人情報取扱事業者等における取扱いを対象に固有の規律を設ける等の対応は、許容されない」とされている。

私見ながら、行政機関個人情報保護法上個人情報を保有できた範囲（行個法3条）と、取得制限規定がある条例上で要配慮個人情報等の個人情報を保有できる範囲とが概ね同様であることが改正の議論の前提となっているのであるから、このことについては、公益部門ガイドラインで具体的に明確化される必要があると考えられる。

オ　本人（改正個情法２条４項）

（改正前：個情法２条８項、行個法２条７項）

> ４　この法律において個人情報について「本人」とは、個人情報によって識別される特定の個人をいう。

○概要・改正による変更点

「本人」の意義に関する従前からの規定であり、変更点もない。

個人情報保護法上における「本人」との記載は、一般用語ではなく、定義された用語であることに注意が必要である。

カ　仮名加工情報（改正個情法２条５項）

（新設）

５　この法律において「仮名加工情報」とは、次の各号に掲げる個人情報の区分に応じて当該各号に定める措置を講じて他の情報と照合しない限り特定の個人を識別することができないように個人情報を加工して得られる個人に関する情報をいう。

一　第１項第１号に該当する個人情報　当該個人情報に含まれる記述等の一部を削除すること（当該一部の記述等を復元することのできる規則性を有しない方法により他の記述等に置き換えることを含む。）。

二　第１項第２号に該当する個人情報　当該個人情報に含まれる個人識別符号の全部を削除すること（当該個人識別符号を復元することのできる規則性を有しない方法により他の記述等に置き換えることを含む。）。

○概要・改正による変更点

民間部門に関する令和２年改正の際に、新設された概念である。

「他の情報と照合しない限り特定の個人を識別することができないように」との文言にあるように、匿名加工情報に比べ、加工の程度は低くてもよい。

キ　匿名加工情報（改正個情法２条６項）

（改正前：行個法２条８項・９項）

＊なお、行個法では、「非識別加工情報」「行政機関非識別加工情報」という名称が用いられている。

6　この法律において「匿名加工情報」とは、次の各号に掲げる個人情報の区分に応じて当該各号に定める措置を講じて特定の個人を識別することができないように個人情報を加工して得られる個人に関する情報であって、当該個人情報を復元することができないようにしたものをいう。

一　第1項第1号に該当する個人情報　当該個人情報に含まれる記述等の一部を削除すること（当該一部の記述等を復元することのできる規則性を有しない方法により他の記述等に置き換えることを含む。）。

二　第1項第2号に該当する個人情報　当該個人情報に含まれる個人識別符号の全部を削除すること（当該個人識別符号を復元することのできる規則性を有しない方法により他の記述等に置き換えることを含む。）。

○概要・改正による変更点

匿名加工情報とは、特定の個人を識別することができないように個人情報を加工し、当該個人情報を復元できないようにした情報をいう。

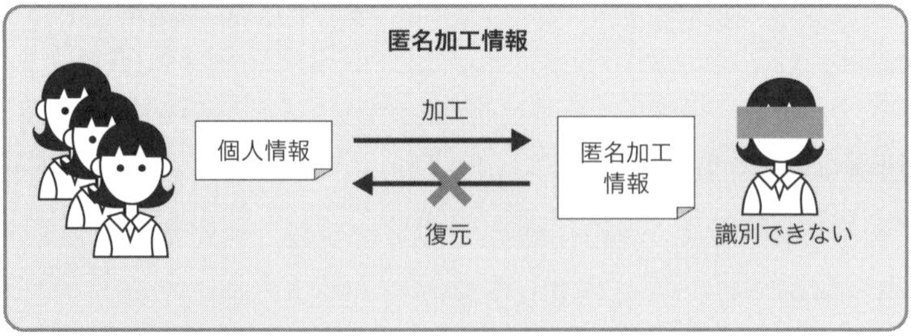

出典：個人情報保護委員会資料（一部加工）

行政機関個人情報保護法における、非識別加工情報という名称が、匿名加工情報に統一された。詳しくは、**本章1(25)**(⇒p.169)を参照。

名称変更については、最終報告21頁で、個人情報の定義を統一する結果として、非識別加工情報も非個人情報となり、匿名加工情報と用語上区別すべき理由はなくなることから、両者の名称を「匿名加工情報」に統一することが適当であると説明されている。

ク　個人関連情報（改正個情法2条7項）

（新設）

> 7　この法律において「個人関連情報」とは、生存する個人に関する情報であって、個人情報、仮名加工情報及び匿名加工情報のいずれにも該当しないものをいう。

○概要・改正による変更点

令和2年改正で、民間部門に導入された個人関連情報の概念が、令和3年改正で、公的部門にも導入されることとなった。詳しくは、本章**1**（**16**）（⇒p.115）を参照。

ケ　行政機関・独立行政法人等（改正個情法2条8項・9項）

（改正前：行個法2条1項、独個法2条1項）

> 8　この法律において「行政機関」とは、次に掲げる機関をいう。
> 一　法律の規定に基づき内閣に置かれる機関（内閣府を除く。）及び内閣の所轄の下に置かれる機関
> 二　内閣府、宮内庁並びに内閣府設置法（平成11年法律第89号）第49条第1項及び第2項に規定する機関（これらの機関のうち第4号の政令で定める機関が置かれる機関にあっては、当該政令で定める機関を除く。）
> 三　国家行政組織法（昭和23年法律第120号）第3条第2項に規定する機関（第5号の政令で定める機関が置かれる機関にあっては、当該政令で定める機関を除く。）
> 四　内閣府設置法第39条及び第55条並びに宮内庁法（昭和22年法律第70号）第16条第2項の機関並びに内閣府設置法第40条及び第56条（宮内庁法第18条第1項において準用する場合を含む。）の特別の機関で、政令で定めるもの

五　国家行政組織法第８条の２の施設等機関及び同法第８条の３の特別の機関で、政令で定めるもの
六　会計検査院
９　この法律において「独立行政法人等」とは、独立行政法人通則法（平成11年法律第103号）第２条第１項に規定する独立行政法人及び別表第１に掲げる法人をいう。

地方公共団体に直接の関係はない規定であるが、参考に条文を掲載しておく。

コ　地方独立行政法人（改正個情法２条10項）

（新設）

10　この法律において「地方独立行政法人」とは、地方独立行政法人法（平成15年法律第118号）第２条第１項に規定する地方独立行政法人をいう。

○概要・改正による変更点

個人情報保護法の適用対象に「地方独立行政法人」が加わるため、定義が追加された。

地方独立行政法人法2条1項では、地方独立行政法人とは、「住民の生活、地域社会及び地域経済の安定等の公共上の見地からその地域において確実に実施されることが必要な事務及び事業であって、地方公共団体が自ら主体となって直接に実施する必要のないもののうち、民間の主体にゆだねた場合には必ずしも実施されないおそれがあるものと地方公共団体が認めるものを効率的かつ効果的に行わせることを目的として、この法律の定めるところにより地方公共団体が設立する法人」とされている。

サ　行政機関等（改正個情法2条11項）

（新設）

11　この法律において「行政機関等」とは、次に掲げる機関をいう。
　一　行政機関
　二　地方公共団体の機関（議会を除く。次章、第3章及び第69条第2項第3号を除き、以下同じ。）
　三　独立行政法人等（別表第2に掲げる法人を除く。第16条第2項第3号、第63条、第78条第1項第7号イ及びロ、第89条第4項から第6項まで、第119条第5項から第7項まで並びに第125条第2項において同じ。）
　四　地方独立行政法人（地方独立行政法人法第21条第1号に掲げる業務を主たる目的とするもの又は同条第2号若しくは第3号（チに係る部分に限る。）に掲げる業務を目的とするものを除く。第16条第2項第4号、第63条、第78条第1項第7号イ及びロ、第89条第7項から第9項まで、第119条第8項から第10項まで並びに第125条第2項において同じ。）

○概要・改正による変更点

令和3年改正により、個人情報保護法の対象となる「行政機関等」に地方公共機関の機関（議会を除く）、地方独立行政法人が含まれている。

○地方公共団体における注意点

ポイント　議会は、個人情報保護法の適用が除外されており、自律的に個人情報の取扱いに関する規律を整備する必要がある。

①　議会が対象から除外されていること

地方公共団体の議会については「行政機関等」から除外されており、法5章が規定する行政機関等の個人情報の取扱いに係る義務等に関する規律の適用対象とならない。

従前、行政機関個人情報保護法の対象機関に、国会、裁判所が含まれていないことについては、国の機関であっても、立法府である国会、司法府である裁判所については、三権分立の観点からそれぞれ実態に即して自律的に必要な措置を講じることが求められるので、保護法の対象機関には入っていない（総務省「よくある質問とその回答」）と説明されていた。

最終報告35頁では、「議会については、現行の行個法が行政機関を対象とし、国会や裁判所をその対象となっていないこととの整合を図るため、新制度の適用の対象とはしないこととすることが適当である。なお、ほとんどの団体（1,748団体）で議会は個人情報の保護に関する条例等の対象とされており、引き続き、条例等により、共通ルールに沿った自律的な措置を講じることが望まれるものである」とされている。

また、規律の考え方のうち、「これまでに地方公共団体から問合せを受けた事項についての考え方」では、地方公共団体の議会は、基本的に地方公共団体の機関の対象から除外され、法第5章が規定する行政機関等の個人情報の取扱いに係る義務等に関する規律の適用対象とされておらず、国会や裁判所と同様に自律的な対応のもと個人情報保護が適切に行われることが期待されるとされている。

議会については、自律的な措置が必要とされているため、改正個人情報保護法に準じたルールとするのか、改正前のルールを実施するのかなど、検討が必要である。

なお、衆議院では「衆議院事務局の保有する個人情報の保護に関する規程（平成27年庁訓第13号）」、裁判所では「裁判所が司法行政事務に関して保有する個人情報の取扱要綱」が公開されており、必要に応じ参照されたい。

② 地方独立行政法人の一部が対象から除外されていること

地方独立行政法人に関する4号括弧書きで、医療分野・学術分野の規制を統一することとの関係で、「地方独立行政法人法第21条第1号に掲げる業務を主たる目的とするもの又は同条第2号若しくは第3号（チに係る部分に限る。）に掲げる業務を目的とするものを除く」とされていることに注意が必要である。

参考　地方独立行政法人法（抜粋）

（業務の範囲）
第21条　地方独立行政法人は、次に掲げる業務のうち定款で定めるものを行う。
一　試験研究を行うこと及び当該試験研究の成果を活用する事業であって政令で定めるもの又は当該試験研究の成果の活用を促進する事業であって政令で定めるものを実施する者に対し、出資を行うこと。
二　大学又は大学及び高等専門学校の設置及び管理を行うこと並びに当該大学又は大学及び高等専門学校における技術に関する研究の成果の活用を促進する事業であって政令で定めるものを実施する者に対し、出資を行うこと。
三　主として事業の経費を当該事業の経営に伴う収入をもって充てる事業で、次に掲げるものを経営すること。
チ　病院事業

なお、適用が除外されている、「地方独立行政法人のうち地方独立行政法人法第21条第1号に掲げる業務を主たる目的とするもの又は同条第2号若しくは第3号（チに係る部分に限る。）に掲げる業務を目的とするもの」については、地方独立行政法人から除外された結果、個人情報取扱事業者（改正個情法16条2項）として、民間部門の規律（個情法4条）の適用を受ける。もっとも、本人からの開示等請求に係る規定及び非識別加工情報の提供に係る規定については、これらの規定がそれぞれ情報公開法制を補完する側面や広義のオープンデータ政策としての性格を有することに鑑み、現行法と同様、全ての独立行政法人等を行政機関に準じて扱うとされており、これらの規定については、公的部門と同様の規律が適用されることから（改正個情法58条・128条）、注意が必要である。

また、改正個人情報保護法58条2項では、地方公共団体の機関医療法1条の5第1項に規定する病院及び同条2項に規定する診療所並びに学校教育法1条に規定する大学の運営における「個人情報、仮名加工情報又は個人関連情報の取扱いについては、個人情報取扱事業者、仮名加工情報取扱事業者又は個人関連情報取扱事業者による個人情報、仮名加工情報又は個人関連情報の取扱いとみなして、この章（第32条から第39条まで及び第4節を除く。）及び第6章から第8章までの規定を適用する」とされており、注意が必要である。

シ　保有個人情報（改正個情法60条1項）

（改正前：行個法2条5項）

（定義）

第60条第1項　この章及び第8章において「保有個人情報」とは、行政機関等の職員（独立行政法人等及び地方独立行政法人にあっては、その役員を含む。以下この章及び第8章において同じ。）が職務上作成し、又は取得した個人情報であって、当該行政機関等の職員が組織的に利用するものとして、当該行政機関等が保有しているものをいう。ただし、行政文書（行政機関の保有する情報の公開に関する法律（平成11年法律第42号。以下この章において「行政機関情報公開法」という。）第2条第2項に規定する行政文書をいう。）、法人文書（独立行政法人等の保有する情報の公開に関する法律（平成13年法律第140号。以下この章において「独立行政法人等情報公開法」という。）第2条第2項に規定する法人文書（同項第4号に掲げるものを含む。）をいう。）又は地方公共団体等行政文書（地方公共団体の機関又は地方独立行政法人の職員が職務上作成し、又は取得した文書、図画及び電磁的記録であって、当該地方公共団体の機関又は地方独立行政法人の職員が組織的に用いるものとして、当該地方公共団体の機関又は地方独立行政法人が保有しているもの（行政機関情報公開法第２条第２項各号に掲げるものに相当するものとして政令で定めるものを除く。）をいう。）（以下この章において「行政文書等」という。）に記録されているものに限る。

○概要・改正による変更点

保有個人情報の定義に含まれる文言のうち、①「行政機関の職員が職務上作成し、又は取得した」、②「組織的に利用する」、③「行政機関が保有している」について、行個法の解説19頁以下では、それぞれ次のように説明されていた。

① 「行政機関の職員が職務上作成し、又は取得した」とは、行政機関の職員が当該職員に割り当てられた仕事を遂行する立場で、すなわち公的立場において作成し、又は取得したことをいう。

② 「組織的に利用する」とは、作成又は取得に関与した職員個人の段階のものではなく組織の業務上必要な情報として利用されることをいう。

③ 「行政機関が保有している」とは、情報公開法における行政文書の保有の概念と同様である。すなわち、当該個人情報について事実上支配している（当該個人情報の利用、提供、廃棄等の取扱いについて判断する権限を有している）状態をいう。したがって、例えば、個人情報が記録されている媒体を書庫等で保管し、又は倉庫業者等をして保管させている場合は含まれるが、民間事業者が管理するデータベースを利用する場合は含まれない。

また、行政機関個人情報保護法では、ただし書きの部分は「行政文書に記録されているものに限る」とされており、この趣旨については、「個人情報には、紙等の媒体に記録されたものと、そうでないもの（口頭によるもの等）があるが、本法の規律を安定的に運用するためには、個人情報が記録されている媒体がある程度固定されている必要があり、文書、図画、電磁的記録等何らかの媒体に記録されていることを前提とした。その上で、情報公開法との整合性を確保する観点から、行政文書に記録されているものに限ることとした。したがって、職員が単に記憶しているにすぎない個人情報は、保有個人情報に該当しない。また、情報公開法は、官報、白書、新聞、雑誌、書籍その他不特定多数の者に販売することを目的として発行されるもの等を行政文書の定義から除いているが、これらに記録されている個人情報も、保有個人情報に該当しないことになる」と説明されていた（行個法の解説20頁）。

上記のほか、総務省「よくある質問とその回答」では、保有個人情報の具体例に関し、次の①から③の記載があり、参考になる。

① ホームページで公表している個人情報については、組織として保有しているものである限り、保有個人情報に当たる。公表されているかどうかは、保有個人情報に当たるかどうかとは関係がない。

② 戸籍の個人情報については、管轄の法務局若しくは地方法務局又はその支局が保有している戸籍の副本や、戸籍法48条に規定する届書その他市町村長が受理した書類であって、戸籍の記載手続完了後に管轄の法務局に送付されるものに記載されている情報は、保有個人情報に当たる。なお、これらの書類に記録されている保有個人情報については、行政機関個人情報保護法の適用除外規定があり、開示請求等の対象から除外されている。

③ 民間事業者に業務委託している場合に受託者が集めた個人情報については、受託者が集めた個人情報が記録されている文書を行政文書として行政機関が保有している場合には、保有個人情報に当たる。

令和3年改正で、保有個人情報の対象として、地方公共団体等行政文書に記録されているものが追加されたが、同文書についても上記と同様の取扱いになると考えられる。

○地方公共団体における注意点

個人情報保護条例における保有個人情報に該当するものが、個人情報保護法上で対象とされるものと同一であるかを確認し、異なる場合には改正個人情報保護法の施行時までに運用を変更する必要がある。

ス　個人情報ファイル（改正個情法60条2項）

（改正前：行個法2条6項）

> 2　この章及び第8章において「個人情報ファイル」とは、保有個人情報を含む情報の集合物であって、次に掲げるものをいう。
> 一　一定の事務の目的を達成するために特定の保有個人情報を電子計算機を用いて検索することができるように体系的に構成したもの
> 二　前号に掲げるもののほか、一定の事務の目的を達成するために氏名、生年月日、その他の記述等により特定の保有個人情報を容易に検索することができるように体系的に構成したもの

○概要・改正による変更点

個人情報ファイルとは、個人情報をデータベース化したものである。データベース化されているものに限定するという意味では、個人情報保護法における民間事業者に対する規律における「個人情報データベース等」（改正個情法16条1項）と、同様の概念である。

特定の保有個人情報の検索方法に応じて、電子計算機処理された個人情報ファイル（本条2項1号）とそれ以外の紙等のマニュアル処理による個人情報ファイル（同項2号）との2種類がある。紙ベースの資料でも、人名を容易に検索することができるように五十音順に整理している場合には、「特定の保有個人情報を容易に検索することができる」状態にあるといえ、2項2号に該当する（総務省「よくある質問とその回答」参照）。

総務省「よくある質問とその回答」では、上記の考え方にのっとり、①個人情報が記録されている申請書を受付順、年度別に綴ったもの、②個人情報が記録されている調査票を土地の地番順に綴ったもの、③職員録及び省内LAN運用管理データ（省内LANにアクセスできる職員に関する情報（IDやパスワードなど）を集めたデータベース）等、④コンピュータで処理されている個人情報などについて、考え方が示されており、判断にあたっては参考になる。

行政機関個人情報保護法からの変更はないが、地方公共団体にも個人情報ファイルの概念が適用されることになったことから、注意が必要である。

個人情報、保有個人情報、個人情報ファイルの関係

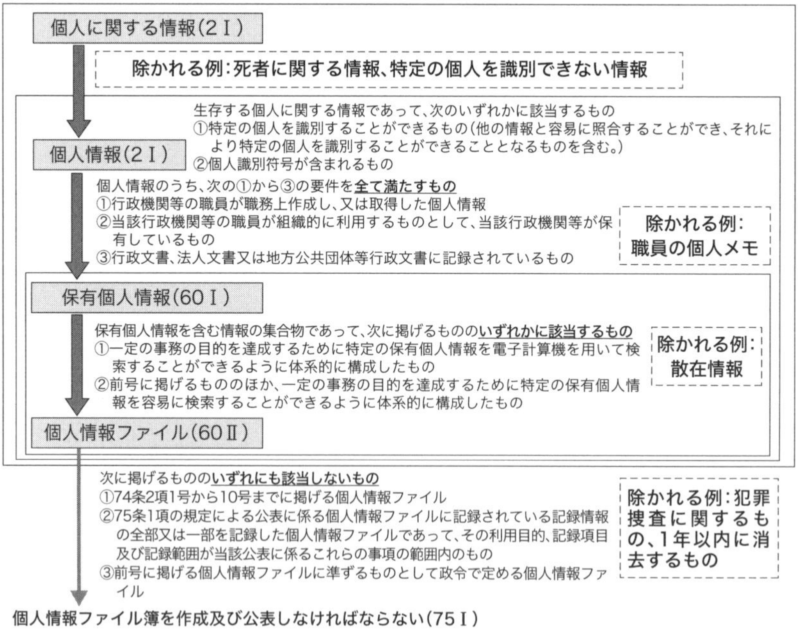

○地方公共団体における注意点

実態調査結果概要によると、「個人情報ファイル」について、57.4%の都道府県が規定していないのに対し、市町村においては56.6%が「個人情報ファイル」について規定している。なお、地方公共団体における「個人情報ファイル」の定義及び実際の取扱いが、行政機関個人情報保護法と同じであるかは同調査の公表情報からは不明である。

セ　行政機関等匿名加工情報・行政機関等匿名加工ファイル（改正個情法60条3項・4項）

（改正前：行個法2条9項・10項）

＊ただし、行個法では、「行政機関等匿名加工情報」ではなく「行政機関非識別加工情報」、「行政機関等匿名加工情報ファイル」ではなく「行政機関非識別加工情報ファイル」という用語が用いられている。

3　この章において「行政機関等匿名加工情報」とは、次の各号のいずれにも該当する個人情報ファイルを構成する保有個人情報の全部又は一部（これらの一部に行政機関情報公開法第５条に規定する不開示情報（同条第１号に掲げる情報を除き、同条第２号ただし書に規定する情報を含む。以下この項において同じ。）、独立行政法人等情報公開法第５条に規定する不開示情報（同条第１号に掲げる情報を除き、同条第２号ただし書に規定する情報を含む。）又は地方公共団体の情報公開条例（地方公共団体の機関又は地方独立行政法人の保有する情報の公開を請求する住民等の権利について定める地方公共団体の条例をいう。以下この章において同じ。）に規定する不開示情報（行政機関情報公開法第５条に規定する不開示情報に相当するものをいう。）が含まれているときは、これらの不開示情報に該当する部分を除く。）を加工して得られる匿名加工情報をいう。

一　第75条第２項各号のいずれかに該当するもの又は同条第３項の規定により同条第１項に規定する個人情報ファイル簿に掲載しないこととされるものでないこと。

二　行政機関情報公開法第３条に規定する行政機関の長、独立行政法人等情報公開法第２条第１項に規定する独立行政法人等、地方公共団体の機関又は地方独立行政法人に対し、当該個人情報ファイルを構成する保有個人情報が記録されている行政文書等の開示の請求（行政機関情報公開法第３条、独立行政法人等情報公開法第３条又は情報公開条例の規定による開示の請求をいう。）があったとしたならば、これらの者が次のいずれかを行うこととなるものであること。

イ　当該行政文書等に記録されている保有個人情報の全部又は一部を開示する旨の決定をすること。

ロ　行政機関情報公開法第13条第１項若しくは第２項、独立行政法人等情報公開法第14条第１項若しくは第２項又は情報公開条例（行政機関情報公開法第13条第１項又は第２項の規定に相当する規定を設けているものに限る。）の規定により意見書の提出の機会を与えること。

三　行政機関等の事務及び事業の適正かつ円滑な運営に支障のない範囲内で、第116条第１項の基準に従い、当該個人情報ファイルを構成する保有個人情報を加工して匿名加工情報を作成することができるものであること。

４　この章において「行政機関等匿名加工情報ファイル」とは、行政機関等匿名加工情報を含む情報の集合物であって、次に掲げるものをいう。

一　特定の行政機関等匿名加工情報を電子計算機を用いて検索することができるように体系的に構成したもの

二　前号に掲げるもののほか、特定の行政機関等匿名加工情報を容易に検索することができるように体系的に構成したものとして政令で定めるもの

○概要・改正による変更点

個人情報保護法平成27年改正に伴い導入された、匿名加工情報の概念が、平成28年改正行政機関個人情報保護法で「行政機関非識別加工情報」として導入されていた。令和3年改正で、「行政機関等匿名加工情報」という文言に変更されたものである。

詳しくは、本章**1 (25)**（⇒p.169）で解説する。

ソ　条例要配慮個人情報（改正個情法60条5項）

（新設）

> 5　この章において「条例要配慮個人情報」とは、地方公共団体の機関又は地方独立行政法人が保有する個人情報（要配慮個人情報を除く。）のうち、地域の特性その他の事情に応じて、本人に対する不当な差別、偏見その他の不利益が生じないようにその取扱いに特に配慮を要するものとして地方公共団体が条例で定める記述等が含まれる個人情報をいう。

○概要・改正による変更点

令和3年改正で、追加された規定である。「要配慮個人情報」と同様に特に配慮が必要な個人情報について、不当な差別、偏見等のおそれが生じ得る情報として、地方公共団体が条例により「要配慮個人情報」に追加できると説明されている（最終報告40頁）。

○地方公共団体における注意点

ポイント　条例要配慮個人情報を定めても、収集・記録規制を設けることはできない。

最終報告では、地方公共団体等がそれぞれの施策に際して保有することが想定される情報で、その取扱いに特に配慮が必要と考えられるものとして「LGBTに関する事項」「生活保護の受給」「一定の地域の出身である事実」等が考えられるとしている。

条例要配慮個人情報について条例で定めを置いても、個人情報ファイル簿に項目として記載され（改正個情法75条）、漏えい等が発生したときに個人情報保護委員会への報告が必要になる（改正個情法68条）のみであり、収集制限の規定を設けることはできない（改正個情法61条・64条）。このため、私見であるが、条例要配慮個人情報を定めたとしても、職員に当該情報の取扱いについて特に注意すべきであるという意識を強調するという事実上の効果はあっても、実務に与える影響は限定的と考えられる。なお、条例要配慮個人情報に関する条例を策定した場合には、個人情報保護委員会への届け出義務が生じる（改正個情法167条）。

（5）個人情報の保有の制限等（改正個情法61条）

（改正前：行個法３条）

（個人情報の保有の制限等）

第61条　行政機関等は、個人情報を保有するに当たっては、法令（条例を含む。第66条第２項第３号及び第４号、第69条第２項第２号及び第３号並びに第４節において同じ。）の定める所掌事務又は業務を遂行するため必要な場合に限り、かつ、その利用目的をできる限り特定しなければならない。

２　行政機関等は、前項の規定により特定された利用目的の達成に必要な範囲を超えて、個人情報を保有してはならない。

３　行政機関等は、利用目的を変更する場合には、変更前の利用目的と相当の関連性を有すると合理的に認められる範囲を超えて行ってはならない。

ポイント 個人情報の取扱いについて定めた、非常に重要な規定である。

○概要・改正による変更点

行政機関等が、利用目的の達成に必要な範囲を超えて個人情報を保有している場合、行政機関における個人情報の誤った利用や悪用により、個人の権利利益が侵害されるおそれがある。このため、本条では、個人情報を保有するにあたっては利用目的をできる限り特定しなければいけないこと、利用目的の達成に必要な範囲を超えて個人情報を保有してはいけないことを規定している。「保有」については、作成、取得、維持・管理を含み、利用目的を超えた個人情報の取得も禁止されることになると解されている（宇賀・個人情報426頁）。

本条1項の「法令の定める所掌事務又は業務を遂行するため必要な場合に限り」とは、個人情報の保有が、これらの所掌事務のうち、当該個人情報を保有することによって遂行しようとする具体的な事務の遂行に必要な場合に限り許容されることを意味する（行個法の解説23頁）。

本条2項の趣旨は、利用目的の達成に不必要な個人情報の保有は、安全管理上問題であるのみならず、場合によっては誤った利用等がなされるおそれがあるため、個人の権利利益を保護する観点から、個人情報が取得される個人の範囲及び個人情報の内容は、利用目的に照らして必要最小限のものでなければならないこととしたものとされている（行個法の解説24頁）。

本条3項について、「相当の関連性を有する」とは、当初の利用目的からみて、想定することが困難でない程度の関連性を有することをいい、「合理的に認められる」とは、社会通念上妥当であると客観的に認識されるとの趣旨であり、行政機関等の恣意的な判断による変更を認めるものではないとされている（行個法の解説26頁）。

さらに、本条と利用目的以外の利用・提供の制限との関係に関して、利用目的以外の利用・提供が恒常的に行われる場合は、本項に基づく利用目的の変更に該当し、臨時的に行われる場合は、行政機関個人情報保護法8条2項（改正個情法69条2項）に基づく利用目的以外の利用・提供に該当する（行個法の解説26頁）と解されている。

○地方公共団体における注意点

①　利用目的の特定

民間事業者に対する規律では、令和2年改正後に適用される通則編ガイドラインで、「本人が、自らの個人情報がどのように取り扱われることとなるか、利用目的から合理的に予測・想定できないような場合は、この趣旨に沿ってできる限り利用目的を特定したことにはならない。例えば、本人から得た情報から、本人に関する行動・関心等の情報を分析する場合、個人情報取扱事業者は、どのような取扱いが行われているかを本人が予測・想定できる程度に利用目的を特定しなければならない」とされている（同ガイドライン3－1－1)。地方公共団体においても、ターゲティング広告を利用する場合や、プロファイリングを実施する場合などには、利用目的の特定に注意する必要がある。

② 個人情報取扱業務の開始等に関する定め

個人情報保護条例で個人情報取扱業務の開始等に関する定めがあった場合には、運用の変更が必要となる。すなわち、地方自治情報管理概要によると、個人情報取扱業務の開始等について、ほとんどの地方公共団体で規定が置かれており（都道府県100.0%、市区町村98.5%)、そのうち、審議会等への意見聴取・審議が必要とされているのは都道府県8.5%、市区町村24.4%であり、首長への報告・届出・登録が必要とされているのは都道府県70.2%、市区町村86.0%であった。改正個人情報保護法では、審議会等への意見聴取・審議や首長への報告・届出・登録は必要とされておらず、これらの手続は不要となる。審議会等への諮問については、129条も参照されたい。

③ 本人からの直接収集の原則

都道府県の約9割が、個人情報保護条例で、本人からの直接取得に関する規定を置いている（実態調査結果資料編Ⅲ.都道府県2－7)。また、同様の規定は、市の75.7%、町の50.6%、村の35.0%が、個人情報保護条例で置いている（実態調査結果資料編Ⅳ.市町村2－7)。

最終報告では、本人からの直接取得に関する規定については、本人以外からの取得を全面的に禁止する例はなく、法令・条例に定める所掌事務の遂行に必要な場合等を例外とするものであるため、その趣旨は、保有の制限（改正個情法61条）及び個人情報の不適正取得の禁止（改正個情法64条）に含まれると考えられるとされている。

私見ながら、公的部門ガイドラインで上記の趣旨を明確化することが重要である。

(6) 利用目的の明示（改正個情法62条）

（改正前：行個法４条）

（利用目的の明示）

第62条 行政機関等は、本人から直接書面（電磁的記録を含む。）に記録された当該本人の個人情報を取得するときは、次に掲げる場合を除き、あらかじめ、本人に対し、その利用目的を明示しなければならない。

一 人の生命、身体又は財産の保護のために緊急に必要があるとき。

二 利用目的を本人に明示することにより、本人又は第三者の生命、身体、財産その他の権利利益を害するおそれがあるとき。

三 利用目的を本人に明示することにより、国の機関、独立行政法人等、地方公共団体又は地方独立行政法人が行う事務又は事業の適正な遂行に支障を及ぼすおそれがあるとき。

四 取得の状況からみて利用目的が明らかであると認められるとき。

ポイント 利用目的を明示しなければならないのは、本人から直接書面で個人情報を取得するときに限定されている。

○概要・改正による変更点

本人から直接書面で個人情報を取得するときは、自己の個人情報がどのように利用されるかわからないことから生じる個人の不安感に対応するため、原則として、あらかじめ本人に対して利用目的を明示しなければならないとされている。

民間事業者に対する規制の場合には、口頭などの取得方法を問わず、原則として利用目的の通知又は公表が必要とされている（改正個情法21条）のに比べ、規律が緩められている。この理由について、本人から直接個人情報を取得する形態には、書面による場合や口頭による場合があるが、口頭による情報の場合、必ずしもそのすべてが保有個人情報として保有されるわけではないのに対して、申請書やアンケート調査票等、本人が書面に記載して提出するものは、その多くが保有個人情報として保有され、爾後の各種行政運営の基礎資料として利用されることになると考えられることから、本人から直接書面に記載された当該本人の個人情報を取得する場合は、特に利用目的を明示することを定めたものであると説明されていた（行個法の解説28頁）。

私見ながら、この説明は、民間事業者にも当てはまるものであり、公的部門の規律だけ利用目的の明示に関する規律が緩められる理由としては不十分であろう。また、利用及び提供の制限（改正個情法69条）、外国にある第三者への提供の制限（改正個情法71条）などでは、利用目的の範囲内であれば規律は適用されないところ、利用目的が明示される機会がなく、透明性がないことは極めて不合理である。

例外とされている4号の規定に関し、申請書のように、行政機関が書面で取得した個人情報の利用目的が本人にとって明らかである場合には、本人が利用目的を確認するための措置をあえて講ずる必要性はないと考えられることから、「取得の状況からみて利用目的が明らかであると認められるとき」（4条4号）として、利用目的の明示が適用除外される場合に当たるが、例えば、申請書に記載された個人情報を、申請事務の処理だけでなく業務統計の作成にも利用する場合には、通常、申請を行う者が業務統計の作成目的まで認識することは難しいと考えられるから、利用目的を明示することが必要になるとされている（総務省「よくある質問とその回答」）。

○地方公共団体における注意点

私見ながら、口頭で聞き取った内容を記録として残すことは珍しいことではなく、個人の権利利益保護の観点からは、直接書面（電磁的記録を含む。）に記録された場合でなくとも、本人に対し、あらかじめその利用目的を明示することが望ましい。もっとも、地域の特性に照らして特に必要があるケースは通常想定されず、条例で義務化することは難しいであろう。

(7) 不適正な利用の禁止（改正個情法63条）

（新設）

（不適正な利用の禁止）

第63条 行政機関の長（第2条第8項第4号及び第5号の政令で定める機関にあっては、その機関ごとに政令で定める者をいう。以下この章及び第174条において同じ。）、地方公共団体の機関、独立行政法人等及び地方独立行政法人（以下この章及び次章において「行政機関の長等」という。）は、違法又は不当な行為を助長し、又は誘発するおそれがある方法により個人情報を利用してはならない。

○概要・改正による変更点

令和2年改正で民間部門に新たに加えられた概念が、公的部門にも導入されたものである。同改正で、不適正な利用の禁止に関する規律が導入されたのは、直接には、2019年に社会問題化した、官報で公開された破産者等の氏名・住所等について、ウェブサイト上の地図に掲載されたという破産者マップ事件が影響したものと理解されている（第201回通常国会衆議院内閣委員会会議録13号〔令和2年5月22日〕〔其田真理政府参考人答弁〕）。

民間部門の通則編GLでは、「違法又は不当な行為」とは、個人情報保護法その他の法令に違反する行為、及び直ちに違法とはいえないものの個人情報保護法その他の法令の制度趣旨又は公序良俗に反する等、社会通念上適正とは認められない行為をいうとされ、「おそれ」の有無は、個人情報取扱事業者による個人情報の利用が、違法又は不当な行為を助長又は誘発することについて、社会通念上蓋然性が認められるか否かにより判断されるとされている。

○地方公共団体における注意点

個人情報保護法に則った個人情報の取扱いをしていれば、不適正な利用に該当することはない。

(8) 適正な取得(改正個情法64条)

(新設)

(適正な取得)
第64条 行政機関の長等は、偽りその他不正の手段により個人情報を取得してはならない。

○概要・改正による変更点

令和3年改正により新設された規定である。従前は、民間部門には適正な取得に関する規律があったが(令和2年改正前の個情法17条1項)、公的部門には同様の規律は導入されていなかった。この理由については、①行政機関が法令を遵守して適法かつ適正に個人情報の取得に当たる必要があることは日本国憲法の下で当然の要請であること及び②行政機関の職員についても国家公務員法の法令遵守義務等により規律がされていることから、適正な取得については既に法規範として存在しており、行政機関が無謬であることを前提としているものではないと説明されていた(総務省「よくある質問とその回答」)。

私見ながら、令和3年改正において、64条が明文化されたのは、個人情報を取り扱う職員の責務に関する規定がない自治体があったこと（地方自治情報管理概要によると、市区町村の2.2%）も影響したものと考えられる。

既述のように、ほとんどの地方公共団体で定めがあった、本人からの直接収集の原則は、個人情報の不適正取得の禁止（本条）等に含まれると考えられることを理由に改正個人情報保護法では明文化されていないため（本章1（5）③（⇒p.80）参照）、公的ガイドラインで何らかの対応がされるべきである。

(9) 正確性の確保（改正個情法65条）

（改正前：行個法5条）

（正確性の確保）

第65条　行政機関の長等は、利用目的の達成に必要な範囲内で、保有個人情報が過去又は現在の事実と合致するよう努めなければならない。

○概要・改正による変更点

不正確な個人情報に基づいた行政処分その他の行政行為により、本人が不測の権利利益の侵害を被ることを未然に防止するため、利用目的の達成に必要な範囲内で、保有個人情報が過去又は現在の事実と合致するように努めなければならないことを定めた規定である。令和3年改正前から、行政機関個人情報保護法で同様の規定が置かれており、内容の変更はない。

努力規定ではあるが、訂正請求権制度（改正個情法5章4節3款）で、実効性が担保されている。

(10) 安全管理措置(改正個情法66条)

(改正前:行個法6条)

(安全管理措置)

第66条 行政機関の長等は、保有個人情報の漏えい、滅失又は毀損の防止その他の保有個人情報の安全管理のために必要かつ適切な措置を講じなければならない。

2 前項の規定は、次の各号に掲げる者が当該各号に定める業務を行う場合における個人情報の取扱いについて準用する。

一 行政機関等から個人情報の取扱いの委託を受けた者 当該委託を受けた業務

二 指定管理者(地方自治法(昭和22年法律第67号)第244条の2第3項に規定する指定管理者をいう。) 公の施設(同法第244条第1項に規定する公の施設をいう。)の管理の業務

三 第58条第1項各号に掲げる者 法令に基づき行う業務であって政令で定めるもの

四 第58条第2項各号に掲げる者 同項各号に定める業務のうち法令に基づき行う業務であって政令で定めるもの

五 前各号に掲げる者から当該各号に定める業務の委託(2以上の段階にわたる委託を含む。)を受けた者 当該委託を受けた業務

ポイント 特に、委託先・再委託先の把握、監督ができているか、注意が必要である。

○概要・改正による変更点

行政機関個人情報保護法6条1項では、安全確保措置として、個人情報保護法における安全管理指導と同様の規定が置かれ、保有個人情報の漏えいなどの防止のために必要かつ適切な措置を講じなければならないとされていた。同法を所管する総務省では、各行政機関が具体的な措置を講じる際の参考に資するため、「行政機関の保有する個人情報の適切な管理のための措置に関する指針」(平成16年9月14日総務

省行政管理局長通知、［最終改正］平成30年10月22日、以下「適切な管理のための措置に関する指針」という。）を取りまとめて各行政機関あてに通知し、独立行政法人等についても同様の指針を通知していた。

同指針では、各行政機関が講ずべき最小限の措置の内容として、具体的に、次の項目に関する内容が示されており、各行政機関は、その保有する個人情報の取扱いの実情に即し適切な管理を行うため、この指針を参考として整備している規程等に基づき、保有個人情報を適切に管理していく必要があるとされていた。

適切な管理のための措置に関する指針の項目

① 保有個人情報の管理体制、教育研修、職員の責務	・総括保護管理者（官房長等（総務担当役員等）） ・保護管理者（課室等の長等）、保護管理者はシステム管理者と連携 ・保護担当者（課室等の担当者） ・監査責任者の設置（内部監査等担当部局長（監事等）） ・個人情報の適切な管理のための委員会の開催 ・教育研修の実施、保護管理者等の現場責任者にも教育研修を実施 ・職員の責務の明確化
② 保有個人情報の適正な取扱い	アクセス制限、複製・持ち出しなどの制限、誤りの訂正等、媒体の管理・廃棄等、取扱状況の記録
③ 情報システムにおける安全の確保等	アクセス制御、アクセス記録・アクセス状況の監視、管理者権限の設定、不正アクセスの防止、不正プログラム対策、複製の最小限化・処理後の消去、暗号化・パスワード設定、記録機能を有する機器・媒体の接続制限、端末の限定、端末の盗難防止等、第三者の閲覧防止、入力情報の照合等、バックアップ、情報システム設計書等の管理
④ 情報システム室等の安全管理	入退の管理、情報システム室等の管理（立入権限の制限、用件の確認、立入記録など）、情報システム室等の管理（不正侵入対策、防火対策など）
⑤ 保有個人情報の提供及び業務の委託等	保有個人情報の提供（利用目的、利用するデータの範囲などの書面による確認）、業務委託等（委託先の選定、契約書等の記載事項、定期的検査、再業務委託等を行う場合の措置など）
⑥ 安全確保上の問題への対応	・事案の報告、被害拡大防止（すぐに行い得る措置は直ちに実施）、再発防止策、事案の公表等 ・事案発生時、独立行政法人等は所轄機関に速やかに連絡
⑦ 監査・点検の実施	・監査責任者は、保有個人情報の管理の状況について、定期及び随時に監査 ・保護管理者は、自ら管理責任を有する保有個人情報の記録媒体、処理経路、保管方法等について、定期及び随時に点検 ・監査又は点検の結果等を踏まえ、見直し等の措置
⑧ 独立行政法人等に対する指導等	・業務運営における自主性に配慮しつつ、個人情報の保護に関し必要な指導・助言

出典：総務省「よくある質問とその回答」を加工

本条2項で、契約等による規律とは別に、受託事業者に行政機関に準ずる安全確保措置の義務を課しているのは、行政機関からその事務事業の実施に関し個人情報の取扱いを受託している以上、行政機関と同様の厳しい規律を確保する必要があるとの趣旨による（行個法の解説33頁）。

「個人情報の取扱いの委託を受けた者」とは、その者が個人情報の内容を認知しているか否かにかかわらず、個人情報の取扱いについての業務を受託している者であれば、すべて該当するとされている（総務省「よくある質問とその回答」5－14）。

受託業務に従事している者（従事していた者を含む。）に対しても、「業務に関して知り得た個人情報の内容をみだりに他人に知らせ、又は不当な目的に利用してはならない」義務が課されている（改正個情法67条）。改正法では、対象に再委託を受けた者などが含まれることが明記された。

漏えいなどの防止のために必要な措置としては、特に委託先の監督が問題となる。

保有個人情報の取扱いに係る業務を委託する場合、委託先において適切な管理が行われるように必要な措置を講じなければならない。具体的には、契約書に秘密保持義務や再委託の制限などを明記すること、管理体制等を書面で確認することなどが考えられるが、各地方公共団体において、委託の対象となる個人情報の秘匿性等の内容に応じて個別に判断することとなる。また、地方公共団体から委託を受けた事業者等についても、同様の義務が課される。

次に、適切な管理のための措置に関する指針のうち、業務の委託に関する規定を抜粋する。

4　保有個人情報の取扱いに係る業務を外部に委託する場合には、個人情報の適切な管理を行う能力を有しない者を選定することがないよう、必要な措置を講ずる。また、契約書に、次に掲げる事項を明記するとともに、委託先における責任者及び業務従事者の管理体制及び実施体制、個人情報の管理の状況についての検査に関する事項等の必要な事項について書面で確認する。

⑴ 個人情報に関する秘密保持、目的外利用の禁止等の義務

⑵ 再委託（再委託先が委託先の子会社（会社法（平成17年法律第86号）第2条第1項第2号に規定する子会社をいう。）である場合も含む。本号及び6において同じ。）（注）の制限又は事前承認等再委託に係る条件に関する事項

（注）委託先との契約書に、再委託に際して再委託先に求める事項は、再委託先が子会社である場合も、同様に求めるべきことを明記すること。

⑶ 個人情報の複製等の制限に関する事項

⑷ 個人情報の漏えい等の事案の発生時における対応に関する事項

⑸ 委託終了時における個人情報の消去及び媒体の返却に関する事項

⑹ 違反した場合における契約解除、損害賠償責任その他必要な事項

5 保有個人情報の取扱いに係る業務を外部に委託する場合には、委託する業務に係る保有個人情報の秘匿性等その内容やその量等に応じて、委託先における管理体制及び実施体制や個人情報の管理の状況について、少なくとも年1回以上、原則として実地検査により確認する。

6 委託先において、保有個人情報の取扱いに係る業務が再委託される場合には、委託先に4の措置を講じさせるとともに、再委託される業務に係る保有個人情報の秘匿性等その内容に応じて、委託先を通じて又は委託元自らが5の措置を実施する。保有個人情報の取扱いに係る業務について再委託先が再々委託を行う場合以降も同様とする。

7 保有個人情報の取扱いに係る業務を派遣労働者によって行わせる場合には、労働者派遣契約書に秘密保持義務等個人情報の取扱いに関する事項を明記する。

8 保有個人情報を提供又は業務委託する場合には、漏えい等による被害発生のリスクを低減する観点から、提供先の利用目的、委託する業務の内容、保有個人情報の秘匿性等その内容などを考慮し、必要に応じ、氏名を番号に置き換える等の匿名化措置を講ずる。

委託については、規律が厳密に定められており、注意が必要である。

○地方公共団体における注意点

ア　概　　要

民間部門における安全管理措置は、改正個人情報保護法23条で定められたものが、令和2年改正通則GLで主に、①組織的安全管理措置、②人的安全管理措置（改正個情法24条）、③物理的安全管理措置、④技術的安全管理措置に分類して具体化されており、参考になる。委託先の監督（改正個情法25条）については別規定となっている。

委託については、特に海外事業者に委託、再委託されていないか注意が必要である。公的部門の規律では、利用目的の範囲内の場合には、改正個人情報保護法71条の規律も適用されないが、情報漏えい等を防止する観点から確認しておく必要がある。

以下、様々な調査報告で調査対象とされていた、①組織内の責任体制、②監査・点検の実施、③職員に対する教育・研修の実施、④不要情報の廃棄・消去、⑤指定管理者、⑥外部委託時の規制について、それぞれ説明していく。

前提として、維持管理（正確性、漏えい防止、廃棄等）に関する一般的な規制は、ほぼすべての地方公共団体で規定されており、問題はないと考えられている（地方自治情報管理概要）。

イ　組織内の責任体制

組織全体の責任者の指定について、都道府県では40.4%、市町村では59.0%が規定している。各部署の責任者の指定について、都道府県では63.8%、市町村では68.9%が規定している。責任者の権能について、都道府県では「教育訓練の実施」としている割合が最も高く、市町村では「指導・是正」としている割合が最も高い（以上、実態調査結果資料編）。

ウ　監査・点検の実施

監査・点検を実施している都道府県は59.6%であり、市区町村では39.7%である（地方自治情報管理概要）。

エ　職員に対する教育・研修の実施

職員に対する教育・研修を実施していない市区町村が13.7%ある（地方自治情報管理概要）。

オ　不要情報の廃棄・消去

都道府県の9割弱、市の69.8%、町の45.6%、村の26.8%で、不要情報の廃棄・消去に関する規定が置かれている（実態調査結果資料編Ⅲ.都道府県、Ⅳ.市町村2－7）。

なお、最終報告では、不要な情報の消去に関する規定については、その趣旨が、現行の行政機関個人情報保護法3条2項（個人情報の保有の制限）に含まれると考えられるとされているが、情報漏えいの対策に該当するため安全管理措置の問題であり、公的部門ガイドラインの安全管理措置に関する記載で具体化されるべきである。

カ　指定管理者

都道府県の83.0%、市町村の75.2%で、「指定管理者」（公の施設の目的を効果的に達成するため必要がある場合に、条例で定めるところにより、公の施設の管理を行わせることができることとしている法人その他の団体）（地方自治法244条の2第3項及び4項）で民間事業者を指定している。

「指定管理者」として民間事業者を指定している場合において、人口500万人未満の都道府県の多くが民間事業者に「条例の適用なし」と回答しており、人口500万人以上の都道府県では、1つの地方公共団体の条例を適用とする団体が最も多い（実態調査結果資料編Ⅲ.都道府県2－5)。市町村では65%強が1つの地方公共団体の条例を適用していると回答している（実態調査結果資料編Ⅳ.市町村2－5)。

キ 外部委託時の規制

受託業者等に対する個人情報の漏えい防止措置等の義務付けについては、ほぼすべての地方公共団体で対応がされている。もっとも、受託業者又は受託業務従事者の責務は課しているが、契約等による個人情報保護措置の義務付けをしていない市区町村が約17.0%ある（地方自治情報管理概要)。

個人情報保護委員会が公表している、令和2年度個人情報保護委員会年次報告によると、特定個人情報の取扱いに関してではあるが、令和2年度に、特定個人情報の漏えい事案等のうち、「重大な事態」として、地方公共団体に次のような事例が生じているので、参考に紹介する。

① 地方公共団体より事務を受託した事業者において、事務処理誤りにより、約1,520名分の特定個人情報を、同様の事務を当該事業者に委託していた他の地方公共団体に納品した事案

② 地方公共団体において、マスキング処理が不十分なまま約10,380名分の特定個人情報が記載された書類を、特定個人情報を取り扱わないこととなっている委託事業者に引き渡していた事案

コラム　民間部門の規律との整合性

民間部門では、「措置は、個人データが漏えい等をした場合に本人が被る権利利益の侵害の大きさを考慮し、事業の規模及び性質、個人データの取扱状況（取り扱う個人データの性質及び量を含む。）、個人データを記録した媒体の性質等に起因するリスクに応じて、必要かつ適切な内容としなければならない」（令和2年改正通則GL3－4－2）とされている。

このように、どのような安全管理措置を採用するべきかについては、漏えい等をした場合に本人が被る権利利益の侵害の大きさを考慮すべきである。この観点からすると、地方公共団体が保有するデータは、要配慮個人情報に該当するものから、個人の連絡先、財産情報まで広く及んでおり、民間事業者に比べて、安全管理措置として要求される水準が軽くなるということは考え難い。

行政機関等と民間事業者で求められる基準が異なることは、国民の目から見て極めてわかりにくく、両部門の間でのデータ流通の妨げともなり得る。令和3年改正後は、公的部門・民間部門ともに個人情報保護委員会の一元的監督となっているのであり、法律の規定に基づかず、両分野で異なる取扱いをする場合には、個人の権利利益保護の観点から合理的な説明が必要となる。このような説明なく公的部門の規律が民間部門に比して軽くなる場合には、ダブルスタンダードとの批判を免れないであろう。

さらに、令和2年改正で民間部門に新たに取り入れられた義務について、令和3年改正による行政機関等への適用では条文で規律が緩められているものも多い。例えば、外国にある第三者への提供の際における情報発信（改正個情法71条）、個人関連情報に関する提供元の確認義務（改正個情法72条）や利用停止・消去等の個人の請求権の要件緩和（改正個情法5章4節3款）があげられる。これらの規定で、規律が行政機関等の義務が民間事業者の義務より緩められている理由は十分に説明されていないが、行政は規律を緩めても問題を起こす可能性は低いという考え方が背景にあるものと考えられる。公的部門に対する義務を緩めるのであれば、合理的な説明が必要となる。公的部門、行政部門をともに対象とするGDPRでも、基本的には、公的部門と民間部門に同様の規律が課されている。公的部門ガイドラインで、両部門における規律の違いについて、実質的な説明がされることが望まれる。

コラム

神奈川県データ漏えい事件

2019年、神奈川県がリース契約満了に伴い、リース会社に返却したサーバーについて、同社がデータ消去を委託していた企業の従業員に盗まれ、オークションサイトに転売され、個人データが漏えいする事件が報道された（神奈川県データ漏えい事件）。

個人情報保護委員会では、2020年2月に、次の注意情報を出しており、民間事業者に対するものだが、参考になる。

「1　昨今、個人データの利活用に伴い多くの企業が大量の個人データを保有しているものと思われますが、利用する必要がなくなったときに当該個人データを適切に消去することは、漏えい等を防止するために極めて重要です。
2　顧客等から個人情報を取得した事業者は、個人データを利用する必要がなくなり消去する際には、当該個人データを復元不可能な手段で消去する必要があり、消去業務を外部に委託する場合、委託先に対する必要かつ適切な監督を行う必要があります。
3　データが記録された機器、電子媒体等の廃棄を請け負った事業者においても、当該機器等に個人データが含まれている場合は、自らも安全管理措置及び再委託先の監督義務を負うことに注意してください。」

付言すると、地方公共団体における実務として、常に委託先における物理破壊に従業員を立ち会わせることまで必要かは、データ記憶装置に含まれている可能性がある情報の重要性など、万一漏えいした場合のリスクに応じた検討が必要である。

（11）従事者の義務（改正個情法67条）

（改正前：行個法7条）

（従事者の義務）

第67条　個人情報の取扱いに従事する行政機関等の職員若しくは職員であった者、前条第2項各号に定める業務に従事している者若しくは従事していた者又は行政機関等において個人情報の取扱いに従事している派遣労働者（労働者派遣事業の適正な運営の確保及び派遣労働者の保護等に関する法律（昭和60年法律第88号）第2条第2号に規定する派遣労働者をいう。以下この章及び第176条において同じ。）若しくは従事していた派遣労働者は、その業務に関して知り得た個人情報の内容をみだりに他人に知らせ、又は不当な目的に利用してはならない。

○概要・改正による変更点

従事者に、業務に関して知り得た個人情報の内容をみだりに他人に知らせたり、不当な目的に利用してはならないという義務を課したものである。令和3年改正により、派遣労働者、派遣労働者であった者も対象となることが明記された。

○地方公共団体における注意点

個人情報を取り扱う職員の責務については、すべての都道府県と、ほぼすべての市区町村で規定が置かれている（地方自治情報管理概要）。なお、罰則の規定は、改正個人情報保護法176条以下に置かれているので、そちらも参考されたい。

(12) 漏えい等の報告等（改正個情法68条）

（新設）

（漏えい等の報告等）

第68条　行政機関の長等は、保有個人情報の漏えい、滅失、毀損その他の保有個人情報の安全の確保に係る事態であって個人の権利利益を害するおそれが大きいものとして個人情報保護委員会規則で定めるものが生じたときは、個人情報保護委員会規則で定めるところにより、当該事態が生じた旨を個人情報保護委員会に報告しなければならない。

2　前項に規定する場合には、行政機関の長等は、本人に対し、個人情報保護委員会規則で定めるところにより、当該事態が生じた旨を通知しなければならない。ただし、次の各号のいずれかに該当するときは、この限りでない。

一　本人への通知が困難な場合であって、本人の権利利益を保護するため必要なこれに代わるべき措置をとるとき。
二　当該保有個人情報に第78条第1項各号に掲げる情報のいずれかが含まれるとき。

ポイント 安全管理措置とセットの概念と理解するとわかりやすい。

○概要・改正による変更点

個人情報保護委員会規則で定める保有個人情報の漏えい、滅失、毀損（以下これらを併せて「漏えい等」という。）が生じた場合に、地方公共団体の長に、個人情報保護委員会への報告義務及び本人に対する通知義務を課すものである。民間事業者に対して、令和2年改正で、同種の報告義務を個人情報保護法上で課しており、同様の規律が導入されたものである。従前から、行政機関・独立行政法人等については、漏えい等事案発生時には、事案の内容、影響等に応じて、事実関係及び再発防止策の公表、当該事案に係る保有個人情報の本人への対応等の措置を講じ、公表を行う事案については、当該事案の内容、経緯、被害状況等について、速やかに総務省（行政管理局）に情報提供を行うものとされていた（適切な管理のための措置に関する指針等）。

漏えいとは、保有個人情報が外部に流出することをいう。滅失とは、保有個人情報の内容が失われることをいう。毀損とは、保有個人情報の内容が意図しない形で変更されることや、内容を保ちつつも利用不能な状態となることをいう（令和2年改正通則GL3－5－1）。

「個人の権利利益を害するおそれが大きいものとして個人情報保護委員会規則で定めるもの」は、基本的に、①要配慮個人情報が含まれる保有個人情報（高度な暗号化その他の個人の権利利益を保護するために必要な措置を講じたものを除く。②～④も同様）の漏えい等が発生し、又は発生したおそれがある事態、②不正に利用されることにより財産的被害が生じるおそれがある保有個人情報（筆者注：クレジットカード番号、インターネットバンキングのID・パスワードなど）の漏えい等が発生し、又は発生したおそれがある事態、③不正の目的をもって行われたおそれがある保有個人情報の漏えい等が発生し、又は発生したおそれがある事態（筆者注：不正アクセス、従業者による持ち出し）、④保有個人情報に係る本人の数が100人を超える漏えい等が発生し、又は発生したおそれがある事態、⑤条例要配慮個人情報が含まれる保有個人情報の漏えい等が発生し、又は発生したおそれがある事態とされている（改正個情法施行規則43条）。

漏えい等の報告等については、行政機関の長等は、本人に対しても、①概要、②漏えい等が発生し、又は発生したおそれがある保有個人情報の項目、③原因、④二次被害又はそのおそれの有無及びその内容、⑤その他参考となる事項を通知しなければならないとされており、適切に対応する必要がある（改正個情法68条2項、改正個情法施行規則45条）。

私見であるが、2項1号の「本人への通知が困難な場合であって、本人の権利利益を保護するため必要なこれに代わるべき措置をとるとき」の判断基準については、行政機関の長等による恣意的な判断がされることがないように、公的部門ガイドラインで適切に限定されるべきであろう。

また、漏えい等の報告事案については、同様の事案が発生することを防止する意味でも、個人情報保護委員会で、適時に公表するなど適切に情報公開することが重要である。

○地方公共団体における注意点

漏えい等の事態が生じた場合に適時の対応が可能なように、組織内の体制を整えておく必要がある。詳細については、公的部門ガイドラインで明らかにされると考えられるが、ひとまずは、漏えい等が発生しないように安全管理措置（**本章1（10）**（→p.86）参照）が適正にされているかを確認するとともに、行政機関等に関する規律を参照していくことになる。一般的に、委託先から漏えいする事案も多いため、委託先における管理が適正にされているかを確認することが特に重要である。念のためだが、委託先で漏えい等した場合にも、基本的に、委託元である地方公共団体に本条に基づく報告義務が生じることとなる。

条例等において漏えい等の報告義務規定を設けている割合は、都道府県で63.8%、市町村で32.6%である（実態調査結果概要）。なお、条例の規定とは別に、都道府県の100%、市区町村の69.6%で、個人情報の漏えいも含めた情報セキュリティインシデントの報告について、緊急時対応計画が作られている（地方自治情報管理概要）。

コラム

個人情報の漏えいによる損害

自治体による情報漏えいについて裁判で損害賠償が認められた裁判例として、宇治市が住民基本台帳のデータを使用して、検診システムを開発する業務を民間事業者に委託したところ、再々委託先のアルバイト従業員が、同データを不正にコピーして名簿販売業者に販売し、さらに同事業者から転売されたことなどに関し、宇治市民が宇治市に対して、プライバシー侵害による損害賠償を請求した事案（宇治市住民基本台帳データ漏えい事件）がある。

同事案に関し、大阪高判平成13年12月25日裁判所ウェブサイトは、「プライバシーの権利が侵害された程度・結果は、それほど大きいものとは認められないこと、控訴人（筆者注：地方公共団体）が本件データの回収等に努め、また市民に対する説明を行い、今後の防止策を講じたことを含め、本件に現れた一切の事情を考慮すると、被控訴人（筆者注：宇治市民）らの慰謝料としては、1人あたり1万円と認めるのが相当である」とし、さらに、控訴を提起していた市民1人あたり5,000円の弁護士費用も認めた。

理論的には、住民には、1人当たりの損害賠償額に漏えいした住民の数を掛けた金額に相当する損害が発生したこととなる。付言すると、本件漏えい事件発生当時、誰でも住民基本台帳のデータを閲覧することができたが、現在では原則非公開とされており、同様の問題が発生したときには損害額はより大きく評価されると考えられる。

個人情報の漏えいによる損害に関する事案については、拙編著『オンラインビジネスにおける個人情報&データ活用の法律実務』（ぎょうせい、2020）4章4「安全管理措置・情報漏えいによる損害賠償」を参照されたい。

(13) 利用及び提供の制限（改正個情法69条）

（改正前：行個法8条）

（利用及び提供の制限）

第69条 行政機関の長等は、法令に基づく場合を除き、利用目的以外の目的のために保有個人情報を自ら利用し、又は提供してはならない。

2 前項の規定にかかわらず、行政機関の長等は、次の各号のいずれかに該当すると認めるときは、利用目的以外の目的のために保有個人情報を自ら利用し、又は提供することができる。ただし、保有個人情報を利用目的以外の目的のために自ら利用し、又は提供することによって、本人又は第三者の権利利益を不当に侵害するおそれがあると認められるときは、この限りでない。

一 本人の同意があるとき、又は本人に提供するとき。

二 行政機関等が法令の定める所掌事務又は業務の遂行に必要な限度で保有個人情報を内部で利用する場合であって、当該保有個人情報を利用することについて相当の理由があるとき。

三 他の行政機関、独立行政法人等、地方公共団体の機関又は地方独立行政法人に保有個人情報を提供する場合において、保有個人情報の提供を受ける者が、法令の定める事務又は業務の遂行に必要な限度で提供に係る個人情報を利用し、かつ、当該個人情報を利用することについて相当の理由があるとき。

四 前3号に掲げる場合のほか、専ら統計の作成又は学術研究の目的のために保有個人情報を提供するとき、本人以外の者に提供することが明らかに本人の利益になるとき、その他保有個人情報を提供することについて特別の理由があるとき。

3 前項の規定は、保有個人情報の利用又は提供を制限する他の法令の規定の適用を妨げるものではない。

4 行政機関の長等は、個人の権利利益を保護するため特に必要があると認めるときは、保有個人情報の利用目的以外の目的のための行政機関等の内部における利用を特定の部局若しくは機関又は職員に限るものとする。

ポイント 保有個人情報の取扱いに関する、非常に重要な規定である。

○概要・改正による変更点

行政機関等が、利用目的以外の目的で個人情報を利用又は提供する場合、個人情報の誤った利用や悪用により、個人の権利利益が侵害されるおそれがある。

このため、行政機関の長等は、原則として、利用目的以外の目的のために保有個人情報を利用・提供してはならない（1項）。もっとも、行政機関等の保有する保有個人情報については、個人の権利利益を不当に損なわない範囲で、国民負担の軽減、行政サービスの向上、行政運営の効率化等を図る観点から、他の行政の遂行のために有効利用を図ることも必要とされている。また、本人の利益や社会公共の利益のために、保有個人情報の利用目的以外に利用・提供することが要請される場合もある。このため、個人情報保護法では、一定の場合には、個人の権利利益の保護の必要性と個人情報を利用することの有用性を比較衡量し、例外的に利用目的以外の利用・提供を行うことができるとしている（2項）。

保有個人情報が本来の利用目的以外の目的のために利用・提供された場合、本人の予期せぬ利用等による不安・懸念を生じさせるのみならず、悪用による、プライバシーの侵害や財産上の権利侵害等をもたらす危険性を増大させる。このため、法令に基づく場合を除き、利用目的以外の利用・提供を原則として禁止したものである（行個法の解説38頁）。

保有個人情報の利用目的以外の利用・提供が認められているのは、次の5つの場合となる。なお、行個法の解説では、③と④は一括りとして説明されている。

① 法令に基づく場合（69条1項）

② 本人の同意がある場合又は本人に提供する場合（69条2項1号）

③ 行政機関等の内部で利用する場合（69条2項2号）であって、利用することについて「相当の理由」がある場合

④ 他の行政機関等へ提供する場合（69条2項3号）であって、利用することについて「相当の理由」がある場合

⑤ 専ら統計の作成又は学術研究の目的のために提供する場合、本人以外の者に提供することが明らかに本人の利益になる場合（例えば、災害や事故に遭った旨を家族に知らせる場合）、又は行政機関等以外の者（例えば、国際機関、公益法人等）に提供する場合であって提供することについて「特別の理由」がある場合（69条2項4号）

このうち、②から⑤までの場合については、本人又は第三者の権利利益を不当に損なうおそれが認められないこと（69条2項ただし書き）が前提となる（以上、総務省「よくある質問とその回答」参照）。例えば、本人の同意があったとしても、その同意が強制されたものである場合、保有個人情報の中に本人の情報の他に第三者の情報も含まれている場合などは、本人又は第三者の権利利益を不当に侵害するおそれがあるものと考えられ、本項ただし書きに該当するとされている（行個法の解説39頁）。

上記③、④における、「相当な理由のあるとき」とは、行政機関の長等の恣意的な判断を許容するものではなく、少なくとも、社会通念上、客観的にみて合理的な理由があることが求められる。相当な理由があるかどうかは、保有個人情報の内容や当該保有個人情報の利用目的等を勘案して、行政機関の長等が個別に判断することとなるが、例外的に利用目的以外の利用・提供が許容されるという本号の趣旨から、例外としてふさわしい理由であることが求められる（行個法の解説40頁参照）。

国会の答弁では、上記④69条2項3号における「相当の理由」に基づく保有個人情報の提供が行われた事例としては、外務省が在外邦人

の連絡先等のデータを地籍調査のために市区町村に提供した例、国土交通省が日本の船舶に関する登録データを固定資産税の税額決定等のため総務省に提供した例が説明されている（第204回通常国会参議院内閣委員会会議録14号〔令和3年4月22日〕［平井卓也大臣答弁］）。

上記⑤における「特別の理由」としては、本来行政機関等において厳格に管理すべき個人情報について、行政機関等以外の者に例外として提供することが認められるためにふさわしい要件として、「相当な理由」よりも更に厳格な理由であることが必要である。具体的には、1）行政機関等に提供する場合と同程度の公益性があること、2）提供を受ける側が自ら情報を収集することが著しく困難であるか、又は提供を受ける側の事務が緊急を要すること、3）情報の提供を受けなければ提供を受ける側の事務の目的を達成することが困難であることなどの正に特別の理由が必要とされる。例えば、国際協力のため外国政府、国際機関等に提供する場合等が想定される（総務省「よくある質問とその回答」参照）。

国会の答弁（同上）では、上記⑤69条2項4号における「特別の理由」に基づく保有個人情報の提供が行われた事例としては、法務省が矯正施設に収容されている人の名簿を人権救済申立てに関する調査のために弁護士会に提供した例、外務省が在留外国人の氏名等の情報を本人の安否確認のために日本赤十字社に提供した例があげられている。

私見であるが、民間部門において、第三者提供に該当するかは法人格ごとに判断されていること（委員会Q&A7－1）からすると、上記③同一地方公共団体内での利用（69条2項2号）は同一団体内での利用の問題であるのに対し、上記④他の行政機関等への提供（69条2項3号）は、他の団体等への第三者提供の問題になる。このため、上記④の場合には、上記③の場合に比べ、特に厳格な判断が必要になると解されるのが合理的である。一般人の感覚としても、居住しているA

市のＢ課に提供した情報が同じＡ市のＣ課で利用されることへの違和感は小さいが、他のＤ市、Ｅ県に提供されたり、Ｆ省に提供されるということは想定できないであろう。なお、公的部門間での提供について、行政の一体性、行政全体といった曖昧とした概念を用いて正当化することは、法的根拠として不合理かつ不明確である。仮に、他の行政機関等へ提供することの有用性が高いのであれば、提供を実現できるように、個人情報保護法の文言を改正すべきであろう。

国会審議では、改正個人情報保護法69条2項各号における「相当の理由や特別の理由は、個人の権利利益の保護の必要性と個人情報の有用性とを比較考量し、個人情報の有用性が上回ると考えられる場合に限り認められるものであり、決して個人情報の無限定な利用や提供を求めるものではありません」との答弁がされているが（第204回通常国会参議院内閣委員会会議録13号〔令和3年4月20日〕［平井卓也大臣答弁］）、上述のように、個人情報の有用性が上回れば、相当の理由や特別の理由が認められるわけではないことに注意が必要である。

私見であるが、個人の権利利益の保護の必要性と、個人情報を利用することの有用性の衡量を勘案した結果として4つの例外が認められているのであり、「個人の権利利益の保護」が同法の主な目的であること（1条参照）からすると、例外規定の解釈については、条文の文言に従い、厳格に解されるべきである。附帯決議四でも、「3　行政機関等が保有する個人情報の目的外での利用又は第三者への提供については、その要件である『相当の理由』及び『特別の理由』の認定を厳格に行うこととし、行政機関等が行った判断の適否を個人情報保護委員会が監視すること」とされている。したがって、地方公共団体においても、安易に「相当の理由」及び「特別の理由」があると判断せず、個別具体的事例に即して、丁寧に判断していくことが重要である。個人情報保護委員会においても、公的部門ガイドラインで「相当の理由」

及び「特別の理由」の認定について明確化するとともに、適正な監視及び執行を実施していくべきである。

当然ながら、他の行政機関・団体等に提供をしたいのであれば、本人に適切な説明をした上で、有効な同意を得たうえで用いることが基本である。このような取組みをせずに、安易に例外規定である69条2項3号・4号を利用することは、違法となる可能性がある。仮に、裁判上で問題となった場合には、裁判所は行政解釈には縛られず、趣旨や文言を重視した判断をすることとなる。

○地方公共団体における注意点

ポイント 目的外利用又は外部に提供する規定、②目的の範囲内の利用に関する規制は、従前の行政機関個人情報保護法の規律が適用される。また、オンライン結合制限の規定を設けることも禁止される。

これまで地方公共団体で規定されていた、①目的外利用又は外部に提供する規定、②目的の範囲内の利用に関する規制、③外部機関とのオンライン結合制限について、以下に説明する。審議会への諮問については、本章**1**（26）カ（→p.191）を参照されたい。

ア　目的外利用等

地方公共団体においても、目的外利用又は外部に提供する規定が定められている。

個人情報の保護に関する条例等において、地方公共団体の内部において情報の利用（収集）目的以外の目的のために個人情報を利用することができる場合及び地方公共団体の外部に提供することができる場合について、次の規定状況であった（実態調査結果概要）。

団体内部での利用・収集目的以外の目的のための個人情報の利用及び外部への提供ができる場合	都道府県	市区町村
法令に基づく場合	100.0%	100.0%
本人以外の者に提供することが明らかに本人の利益になるとき	36.2%	25.5%
専ら統計の作成又は学術研究の目的のために保有個人情報を提供するとき	72.3%	36.9%
人の生命、身体又は財産の保護のため、緊急の必要があるとき	87.2%	94.9%
行政機関、地方公共団体等に対し、保有個人情報を提供する場合であって、相当な理由のあるとき	83.0%	69.2%
行政機関が内部で保有個人情報を提供する場合であって、相当な理由のあるとき	87.2%	75.6%
出版、報道等により公にされている場合	66.0%	70.6%
本人の同意がある、又は本人に提供する場合	100.0%	99.4%
条例に列記した事項の不足を補うための包括規定を設けている	76.6%	70.2%

地方ヒアリング提出資料では、都道府県に国と同じ規律を導入することに支障があるとする主な理由として、「①目的外利用・提供は個人の権利利益に大きな影響を及ぼすため、技術的な助言であるガイドラインではなく、法律に明記すべき、②目的外利用・提供制限について行個法にない地方独自の規定は、新法による取込みやガイドラインにより地方の独自判断が可能となるよう検討されたい、③ガイドライン等だけでは判断できないことも想定され、その場合には地方公共団体が設置する審議会等が関与できる仕組みが必要と考える」とされていた。

最終報告36頁では、個人情報の目的外利用・提供について、地方公共団体の条例で行政機関個人情報保護法8条2項よりも具体的に目的外利用・提供が可能な場合を規定する例について、次のように整理された。

「この点、行個法上、目的外提供・利用ができる場合について、行政機関の内部利用及び他の行政機関等の利用のための外部提供については、『法令の定める所掌事務の遂行に必要な限度』との要件に加えて『相当な理由』の存在を要求し（2号・3号）、その他の外部提供については、『特別な理由』の存在を要求（4号）し、いずれの場合についても、本人又は第三者の権利利益を不当に侵害するおそれがないことを要件としている。上記条例の規定は、本人又は第三者の権利利益の保護を図りつつ利用・提供することができる場合（行個法で規定する『相当な理由』や『特別な理由』に該当する場合）をより具体的に規定しているものということができる。

したがって、個人情報の目的外提供・利用について、地方公共団体等にも行個法と同等の規定を適用し、『相当な理由』や『特別な理由』の具体的な判断に資するために国が定めるガイドライン等に基づき運用を行うことで、個人情報の保護水準を従前から変えることなく、共通ルールの下での目的外提供・利用の円滑な運用が図られるものと考えられる」。

公的部門ガイドラインでは、これまで個人情報保護条例で保護されてきた「個人の権利利益」の保護水準を従前から変えることがないように、適切な解釈が示されることが求められる。

イ　目的の範囲内の利用に関する規制

利用・収集目的の範囲内における個人情報の取扱い及び外部提供について、都道府県の27.7%、市町村の67.6%があらかじめ本人の同意を得ることを義務付けている。

しかし、改正個人情報保護法においては、利用目的の範囲内である場合には、改めて本人同意の取得や本人への通知等を義務付けてはいないことから、条例の規定については、同法施行までに、改廃を検討する必要がある。

ウ　外部機関とのオンライン結合制限

都道府県の91%、市区町村の74%が外部機関とのオンライン結合規制（通信回線を通じた結合による個人情報の外部提供に関する制限）を定めていた。さらに、オンライン結合の可否を判断する場合に審議会等に意見を聴いているかについては、都道府県の約62%、市町村の約65%が、「全て意見を聴いている」又は「一部意見を聴いている」のいずれかの回答をしている（在り方検討に関する調査結果）。

平成15年6月に、総務省政策統括官が各都道府県知事及び各指定都市市長に宛てて通知した「地方公共団体における個人情報保護対策について」では、いわゆる「オンライン禁止規定」について、「従来の個人情報保護条例の中には、地方公共団体の電子計算機システムを通信回線によって外部の機関と結合すること、通信回線を通じて外部へ個人情報を提供すること等を一律に禁止しているものが見受けられるところである。しかしながら、ネットワークを活用した情報処理がIT社会の実現に向けて不可欠であることに鑑み、一律に禁止をするのではなく、提供の目的、利用形態や権利利益の侵害のおそれ、受領者側における保護措置の状況等を個別に検討した上で提供の可否を決定すべきである。このことから個人情報保護条例において一律にオンライン結合を禁止している場合には、早急な規定の見直しが必要である」としていた。

地方ヒアリング提出資料では、都道府県に国と同じ規律を導入することに支障があるとする主な理由として、「オンライン結合制限は、オンライン結合に係る第三者評価の意味合いがあると考えており、その仕様、条件、安全確保措置の具体的な提示が必要」としていた。

改正後の個人情報保護法では、オンライン化や電子化を伴う個人情報の取扱いのみに着目した特則を設けておらず、法が求める安全管理措置義務等を通じて、安全性確保を実現することとしており、条例でオンライン化や電子化を伴う個人情報の取扱いを特に制限することは許容されないとされている（最終報告）。この理由としては、①ITの活用は行政サービスの向上や行政運営の効率化に大きく寄与しており、個人情報の流通に限り物理的な結合を禁止することは合理性を欠くものであり、場合によっては、個人情報の円滑な利用を阻害して国民に不利益を被らせるおそれもあること、②行政機関個人情報保護法においては、オンライン結合制限規定がなくとも、同法6条（改正個情法66条）及び8条（改正個情法69条）等により、個人情報の安全性の確保等が図られていることと説明されている。

デジタル社会形成整備法成立後に、個人情報保護委員会が示した規律の考え方（これまでに地方公共団体から問合せを受けた事項についての考え方）では、「改正後の個人情報保護法においては、オンライン化や電子化を伴う個人情報の取扱いのみに着目した特則を設けておらず、法が求める安全管理措置義務等を通じて、安全性確保を実現することとしており、条例でオンライン化や電子化を伴う個人情報の取扱いを特に制限することは許容されない。」とされている。

なお、国会の審議では、地方の特有の事情があってオンライン結合の禁止ができるものについて、「非常にセンシティブなもの」と表現され、「例えば、LGBT等々のことだというふうに想像して」いるとの答弁がされていたが（第204回通常国会衆議院内閣委員会会議録9号〔令和3年3月17日〕［平井卓也大臣答弁］）、上記規律の考え方と整合しておらず、他の規律と混同した答弁として扱われている可能性がある。

私見であるが、将来にわたって絶対に破られる可能性がないセキュリティシステムは存在しないことからすると、「個人の権利利益」を保護する観点から、保護をする必要性が極めて高い情報はオンライン上で保存しないといった対応は合理的である。例えば、2015年6月には、米国政府人事管理局（OPM）が不正アクセスを受け、2150万人分の政府職員の個人情報が流出している。安易なデジタル化を進めることで「個人の権利利益」を侵害する結果が生じないように、注意が必要である。

念のため、地方公共団体における個人情報の取扱いに関する事務は地方公共団体が自治事務として行うものであり（第204回通常国会参議院内閣委員会会議録15号〔令和3年4月27日〕［時澤忠政府参考人答弁］）、そもそも、どのような情報をオンライン上のデータベース上で保存するかは、各地方公共団体が判断すべき事項であること（地方自治法2条13項）を付言する。

コラム

利用及び提供の制限と情報システムの統一との関係

政府では、ガバメントクラウドを整備し、各省庁や地方公共団体が利用することを想定している。ガバメントクラウドでは、データへのアクセス権限はデータを所管する行政機関がそれぞれ設定するとともに、当該データが格納されるクラウド上の領域は他のデータが格納される領域とは論理的に分離され、データを所管する行政機関以外には当該データにはアクセスすることができないとされている。そして、ガバメントクラウドについては、最新かつ最高レベルのセキュリティーとアクセス制御技術を持つ複数のクラウド環境が採用され、分散管理や不正アクセス防止策は現行システムよりも更に高度になるとされている（第204回通常国会参議院内閣委員会会議録14号〔令和3年4月22日〕〔平井卓也大臣答弁〕）。

ガバメントクラウド自体は、情報の保管場所の問題であり、セキュリティーが向上するという観点からは、個人の権利利益保護に資するものといえる。

もっとも、今後システムが変更され、ガバメントクラウドを利用して、行政機関や地方公共団体における情報の相互利用がされる場合には、態様により、改正個人情報保護法に反する可能性があるので注意が必要である。

仮に、将来的に行政機関や地方公共団体間において、データ連携がされる場合には、個人情報保護法の規定を遵守するために、システムは、少なくとも次の仕様を満たす必要があると考えられる。

① 個人情報ファイルが、利用目的ごとに分類されること（改正個情法61条参照）。

② 利用目的以外の目的のために保有個人情報を自ら利用し、又は提供する場合、行政機関の長等が「相当の理由」があるか、本人又は第三者の権利利益を不当に侵害するおそれがないかを個別に判断すること（改正個情法69条）。

③ 他の行政機関等が利用する場合には、データを保有している行政機関の長等が「相当の理由」があるか、本人又は第三者の権利利益を不当に

侵害するおそれがないかを個別に判断すること（改正個情法69条）。

④　上記②、③について、仮に事前に包括的な同意を与える形にする場合には、最低限でも、行政機関の長等が個別に拒絶できるシステムとすること。

⑤　掲載するのは、個人情報ファイル簿に掲載されている情報のみとすること（改正個情法75条）。

⑥ 上記②、③の取扱いが適正になされることを担保するため、トレーサビリティー確保の観点から、行政機関の長等が過去のすべての利用・提供について確認できるようにし、一定期間ログを保管すること（改正個情法29条・30条参照）。

当然ながら、上記については、個人情報保護法の対象に含まれる、捜査機関に対する提供を含めたすべての取扱いに適用されることになる。

上記は、個人情報保護の観点から最低限必要なシステムであり、情報の利活用や行政のデジタル化を行う上で必須のものである。

なお、仮に情報の相互利用が行われる場合、住基ネットで問題とされた氏名、生年月日、性別及び住所から成る4情報に、住民票コード及び変更情報を加えたものに比べて、個人の内面に関わるような秘匿性の高い情報が含まれる可能性もあり、住基ネット事件判決（最判平成20年3月6日民集62巻3号665頁）も踏まえて、取扱いが適法かを慎重に検討する必要があるだろう。

(14) 保有個人情報の提供を受ける者に対する措置請求（改正個情法70条）

（改正前：行個法9条）

第70条　行政機関の長等は、利用目的のために又は前条第2項第3号若しくは第4号の規定に基づき、保有個人情報を提供する場合において、必要があると認めるときは、保有個人情報の提供を受ける者に対し、提供に係る個人情報について、その利用の目的若しくは方法の制限その他必要な制限を付し、又はその漏えいの防止その他の個人情報の適切な管理のために必要な措置を講ずることを求めるものとする。

○概要・改正による変更点

行政機関の長等が、他の行政機関等に提供される保有個人情報について利用目的以外の利用や漏えい等を防止するため、必要があると認めるときは、受領者に対して必要な措置を講ずることを求めている。

受領者に対して措置要求を行う必要性については、行政機関の長等が、提供する保有個人情報の内容、提供形態、受領者における利用目的、利用方法を勘案して、個別具体的に判断することになる。例えば、①受領者が当該保有個人情報を利用目的以外に利用するおそれがある場合、②受領者における安全確保措置のレベルが当該保有個人情報の性質から求められるレベルに比して、不十分な場合等が考えられる。

「必要な措置」としては、その利用の目的又は方法の制限のほか、提供に係る保有個人情報の取扱者の範囲の限定、第三者への再提供の制限又は消去・返却等利用後の取扱いについての指示、所要の報告の要求等が考えられる（行個法の解説44頁）。

○地方公共団体における注意点

69条2項3号もしくは4号の規定に基づき、保有個人情報を提供する場合には、提供する保有個人情報の内容、提供形態、受領者における利用目的、利用方法を勘案し、必要があると認めるときには、必要な措置を講じる必要がある。

なお、民間部門の場合には、第三者提供する際に、データ提供契約の中で他の第三者への再提供を制限する旨の規定などを入れることが多く、本人の同意があることを根拠に民間事業者に提供をする場合にも同様の取扱いをすることが望ましい。

(15) 外国にある第三者への提供の制限 (改正個情法71条)

(新設)

(外国にある第三者への提供の制限)

第71条 行政機関の長等は、外国(本邦の域外にある国又は地域をいう。以下この条において同じ。)(個人の権利利益を保護する上で我が国と同等の水準にあると認められる個人情報の保護に関する制度を有している外国として個人情報保護委員会規則で定めるものを除く。以下この条において同じ。)にある第三者(第16条第3項に規定する個人データの取扱いについて前章第2節の規定により同条第2項に規定する個人情報取扱事業者が講ずべきこととされている措置に相当する措置(第3項において「相当措置」という。)を継続的に講ずるために必要なものとして個人情報保護委員会規則で定める基準に適合する体制を整備している者を除く。以下この項及び次項において同じ。)に利用目的以外の目的のために保有個人情報を提供する場合には、法令に基づく場合及び第69条第2項第4号に掲げる場合を除くほか、あらかじめ外国にある第三者への提供を認める旨の本人の同意を得なければならない。

2 行政機関の長等は、前項の規定により本人の同意を得ようとする場合には、個人情報保護委員会規則で定めるところにより、あらかじめ、当該外国における個人情報の保護に関する制度、当該第三者が講ずる個人情報の保護のための措置その他当該本人に参考となるべき情報を当該本人に提供しなければならない。

3 行政機関の長等は、保有個人情報を外国にある第三者(第1項に規定する体制を整備している者に限る。)に利用目的以外の目的のために提供した場合には、法令に基づく場合及び第69条第2項第4号に掲げる場合を除くほか、個人情報保護委員会規則で定めるところにより、当該第三者による相当措置の継続的な実施を確保するために必要な措置を講ずるとともに、本人の求めに応じて当該必要な措置に関する情報を当該本人に提供しなければならない。

ポイント 利用目的のために提供する場合や法令に基づく場合などが、適用対象から除外されている。

○概要・改正による変更点

公的部門を含めたGDPR十分性認定への対応を視野に入れ、本人の同意に基づき取得した保有個人情報を、公的部門から外国の第三者に対して提供する場合について、民間部門に準じた一定の規律を置いたものである（最終報告44頁参照）。

民間部門では、平成27年改正により、日本から海外への越境移転規制が導入されて、越境移転が認められるには、①本人の同意がある場合、②基準に適合する体制を整備した事業者に提供する場合、③我が国と同等の水準国にある場合（EU、英国）のいずれかに該当する必要があるとされ、令和2年改正で情報提供の充実が図られている（改正個情法28条）。

民間部門における規律（イメージ）

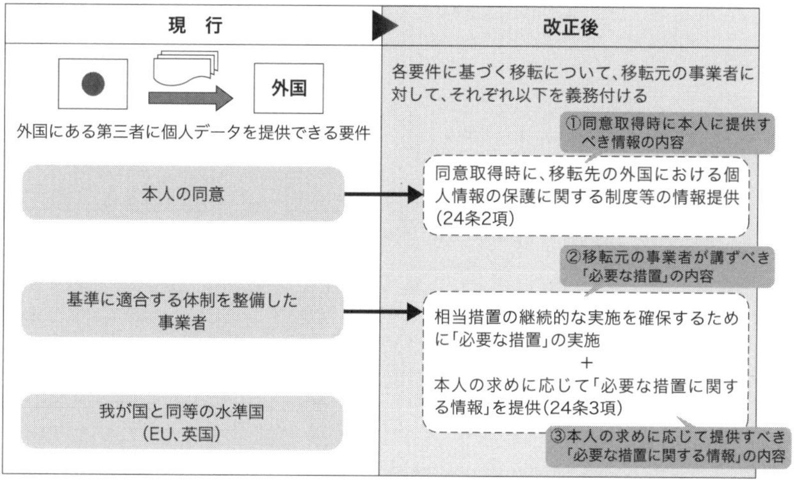

出典：個人情報保護委員会資料

もっとも、本条の対象は「利用目的以外の目的のために保有個人情報を提供する場合」として利用目的のために提供する場合は除外され、しかも、法令に基づく場合及び69条2項4号に掲げる場合（特別の理由があるとき）が除外されており、民間部門に比べ、対象範囲が極めて限定されている。

本条2項及び3項の対応については、公的部門ガイドラインで明確化されるまでは、令和2年改正を反映した令和2年改正外国第三者提供GL、委員会Q&Aを参考に準備する必要がある。

立法論に関する私見であるが、利用目的の範囲内での提供であったとしても、住民のデータがセンシティブな情報を含む多様な情報を含むことからすると、漏えい等が発生した場合に個人の権利利益を侵害する危険性は、一般的な民間事業者の保有する個人データに比べ高くなると考えられる。また、委託先が外国にある第三者に委託をし、再委託先で漏えい事故が発生するリスクもある。これらのことからすると、本条の適用場面が限定されていることに合理性があるかは、改めて検討が必要であろう。

○地方公共団体における注意点

外国にある第三者に利用目的以外の目的のために保有個人情報を提供する場合で、かつ、法令に基づく場合及び69条2項4号に掲げる場合に該当しない場合というのは、極めて限定される。委託先において、海外で作業をする場合や、クラウド上でデータを保管する場合も、利用目的のために保有個人情報を提供する場合に該当することが通常であろう。なお、提供先の外国で、データローカライゼーションの規制があったり、国家に対する情報提供義務が課されているケースもあるので、注意が必要である。

これらの対処のために、保有個人情報を委託している際には、外国にある第三者に情報が提供されていないか、提供されている場合に個人の権利利益が侵害されるおそれがないかを確認しておくことが望ましい。

(16) 個人関連情報の提供を受ける者に対する措置請求（改正個情法72条）

（新設）

（個人関連情報の提供を受ける者に対する措置請求）
第72条 行政機関の長等は、第三者に個人関連情報を提供する場合（当該第三者が当該個人関連情報を個人情報として取得することが想定される場合に限る。）において、必要があると認めるときは、当該第三者に対し、提供に係る個人関連情報について、その利用の目的若しくは方法の制限その他必要な制限を付し、又はその漏えいの防止その他の個人関連情報の適切な管理のために必要な措置を講ずることを求めるものとする。

ポイント 民間部門と異なり、提供元による提供先への確認義務は課されていない。

○概要・改正による変更点

民間部門において、令和2年改正により新設された個人関連情報の規律に関するものである。民間部門では、個人関連情報（改正個情法2条7項参照）の提供元が個人関連情報を第三者に提供する際、第三者が個人関連情報を個人データとして取得することが想定されるときは、提供元は、あらかじめ第三者に、当該個人関連情報の提供を受けて個人データとして取得することを認める旨の本人同意が得られていることを確認しなければ、当該個人関連情報を第三者に提供しなければならないとされている（改正個情法31条）。趣旨は、個人関連情報の提供先である第三者により、本人を識別した上で情報を利用されることによる個人の権利利益の侵害を防止することとされている。

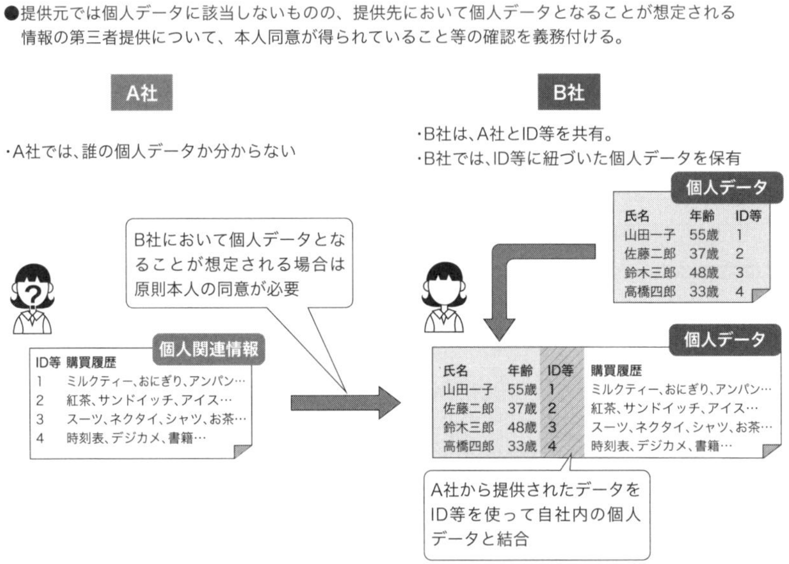

出典：個人情報保護委員会資料

令和2年改正で個人関連情報に関する確認義務が導入されたのは、いわゆるリクナビDMPフォロー問題のうち、提供元であるリクルートキャリアが、自らは特定の個人を識別することができないが、情報の提供先の企業では特定の個人を識別できるデータを、本人の同意を得ずに提供していたケースについて、個人情報保護法23条（改正個情法27条）の潜脱と判断されたことが直接の経緯とされている（第201回通常国会衆議院内閣委員会会議録13号〔令和2年5月22日〕［藤原大臣政務官答弁］）。規律が設けられた背景には、近年「DMP（Data Management Platform）」と呼ばれるプラットフォームで、ユーザーデータを大量に集積し、それを瞬時に突合して個人データとする技術が発展・普及してきたことも影響している（制度改正大綱）。

最終報告では、公的部門においても、行政機関等が個人情報に該当しない情報を第三者に提供した結果、提供先において本人が識別される個人情報となり、個人の権利利益を侵害することとなる可能性が抽象的には存在する一方で、現時点でそのような可能性が顕在化しているわけではないことや、公的部門に特有の制度である目的内提供との関係を整理する必要があるため、個人関連情報の第三者提供について民間部門に準じた一定の規律を置くことについては、当否も含め、法制化作業の中で精査していくことが適当であるとされていた。

地方公共団体においては、民間部門と同様の確認義務までは求められず、必要があると認めるときに、当該第三者に対し、提供に係る個人関連情報について、その利用の目的若しくは方法の制限その他必要な制限を付し、又はその漏えいの防止その他の個人関連情報の適切な管理のために必要な措置を講ずることを求めるものとされている。

○地方公共団体における注意点

新設されるガイドラインの内容も踏まえ、対応する必要がある。特に、地方公共団体で防災などの目的でスマートフォン等の情報端末向けのアプリケーションソフトを提供して位置情報を取得していたり、地方公共団体のホームページ上にインターネット広告等が掲載される仕様となっているなど、第三者に情報が提供されている場合には、提供先において個人データと紐づけられているかを確認しておく必要がある。実務としては、提供先で個人データと紐づけないことをデータ提供契約やそれに準ずる覚書で規定しておくことが望ましい。

(17) 仮名加工情報の取扱いに係る義務 (改正個情法73条)

(新設)

(仮名加工情報の取扱いに係る義務)

第73条 行政機関の長等は、法令に基づく場合を除くほか、仮名加工情報(個人情報であるものを除く。以下この条及び第128条において同じ。)を第三者(当該仮名加工情報の取扱いの委託を受けた者を除く。)に提供してはならない。

2 行政機関の長等は、その取り扱う仮名加工情報の漏えいの防止その他仮名加工情報の安全管理のために必要かつ適切な措置を講じなければならない。

3 行政機関の長等は、仮名加工情報を取り扱うに当たっては、法令に基づく場合を除き、当該仮名加工情報の作成に用いられた個人情報に係る本人を識別するために、削除情報等(仮名加工情報の作成に用いられた個人情報から削除された記述等及び個人識別符号並びに第41条第1項の規定により行われた加工の方法に関する情報をいう。)を取得し、又は当該仮名加工情報を他の情報と照合してはならない。

4 行政機関の長等は、仮名加工情報を取り扱うに当たっては、法令に基づく場合を除き、電話をかけ、郵便若しくは民間事業者による信書の送達に関する法律第2条第6項に規定する一般信書便事業者若しくは同条第9項に規定する特定信書便事業者による同条第2項に規定する信書便により送付し、電報を送達し、ファクシミリ装置若しくは電磁的方法(電子情報処理組織を使用する方法その他の情報通信の技術を利用する方法であって個人情報保護委員会規則で定めるものをいう。)を用いて送信し、又は住居を訪問するために、当該仮名加工情報に含まれる連絡先その他の情報を利用してはならない。

5 前各項の規定は、行政機関の長等から仮名加工情報の取扱いの委託(2以上の段階にわたる委託を含む。)を受けた者が受託した業務を行う場合について準用する。

ポイント 各地方公共団体で、仮名加工情報を利用する必要があるかについて、個別に検討されるべきである。

○概要・改正による変更点

令和2年改正により新設された、仮名加工情報の概念が、公的部門にも導入されたものである。仮名加工情報の創設の趣旨は、一定の安全性を確保しつつ、データとしての有用性を加工前の個人情報と同等程度に保つことができるように、匿名加工情報に比してより簡便な加工により得られる新たな個人情報の類型を設けることで、イノベーションの促進を図る点にあるとされている（個人情報保護委員会令和2年11月27日付論点ペーパー）。

民間部門における具体的な利用としては、以下のものがイメージされている（個人情報保護委員会作成資料参照）。

1　当初の利用目的には該当しない目的や、該当するか判断が難しい新たな目的での内部分析
　① 医療・製薬分野等における研究
　② 不正検知・売上予測等の機械学習モデルの学習等
2　利用目的を達成した個人情報について、将来的に統計分析に利用する可能性があるため、仮名加工情報として加工した上で保管

公的部門への導入については、「公的部門では、現行法の下でも、保有個人情報の目的内利用（行個法第8条第1項等）又は相当な理由のある内部利用（行個法第8条第2項第2号等）に該当すれば、仮名加工情報に相当する情報の作成・利用が可能となる。このため、民間部門と同様の措置は不要と考えられる。ただし、今般の法改正において、公的部門における個人情報の定義においても容易照合可能性を要件とする結果、行政機関等が『法令に基づく場合』として仮名加工情報を取得した場合、これが個人情報に該当しないこととなり得る。このた

め、行政機関等が取得した仮名加工情報の取扱いについて、民間部門に準じた一定の規律（安全管理措置及び識別行為禁止義務）を置くことが適当である」とされていた（最終報告）。

仮名加工情報のイメージ

●イノベーションを促進する観点から、氏名等を削除した「仮名加工情報」を創設し、内部分析に限定する等を条件に、開示・利用停止請求への対応等の義務を緩和する。

現　行	改正後
●「個人情報」に該当するものは **一律に個人情報の取扱いに係る規律の対象** ・利用目的の制限 ・利用目的の通知・公表 ・安全管理措置 ・第三者提供の制限 ・開示・利用停止等の請求対応　等 ※個人データ、保有個人データに係る規律を含む	●「仮名加工情報」として加工すれば、個人情報に該当しても、**以下の義務は適用除外** ①　利用目的の変更の制限（§18②） ＊新たな目的で利用可能 ※本人を識別しない、内部での分析・利用であることが条件（§41⑥～⑧） ②　漏えい等の報告等（§26） ③　開示・利用停止等の請求対応（§32～§39） ●**作成元の「個人情報」は残したまま、これまでどおり利用可能** ※（仮名加工情報ではない）通常の個人データとして取り扱う限り、当該「個人情報」に一定の加工が施された情報も含め、本人同意の下で第三者への提供が可能

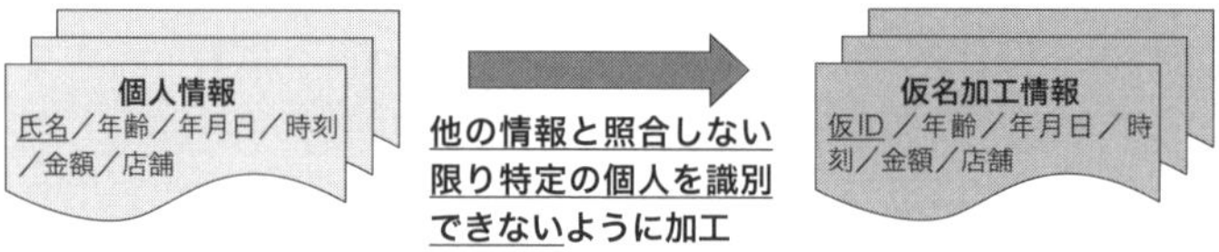

出典：個人情報保護委員会資料を加工

○地方公共団体における注意点

利用できる場面が限定されており、また、地方公共団体には保有制限もあることから、仮名加工情報を利用することは基本的に想定されない。

仮名加工情報を取り扱う場合、仮名加工情報は、個人情報を安全管理措置の一環として仮名化した情報と外形上区分が困難となる可能性があるので、仮名加工情報であることがわかる記載をするなど、両者を適切に区分することが重要である。

(18) 個人情報ファイルの保有等に関する事前通知（改正個情法74条）

（改正前：行個法10条）

（個人情報ファイルの保有等に関する事前通知）

第74条　行政機関（会計検査院を除く。以下この条において同じ。）が個人情報ファイルを保有しようとするときは、当該行政機関の長は、あらかじめ、個人情報保護委員会に対し、次に掲げる事項を通知しなければならない。通知した事項を変更しようとするときも、同様とする。

一　個人情報ファイルの名称

二　当該機関の名称及び個人情報ファイルが利用に供される事務をつかさどる組織の名称

三　個人情報ファイルの利用目的

四　個人情報ファイルに記録される項目（以下この節において「記録項目」という。）及び本人（他の個人の氏名、生年月日その他の記述等によらないで検索し得る者に限る。次項第9号において同じ。）として個人情報ファイルに記録される個人の範囲（以下この節において「記録範囲」という。）

五　個人情報ファイルに記録される個人情報（以下この節において「記

録情報」という。）の収集方法
六　記録情報に要配慮個人情報が含まれるときは、その旨
七　記録情報を当該機関以外の者に経常的に提供する場合には、その提供先
八　次条第3項の規定に基づき、記録項目の一部若しくは第5号若しくは前号に掲げる事項を次条第1項に規定する個人情報ファイル簿に記載しないこととするとき、又は個人情報ファイルを同項に規定する個人情報ファイル簿に掲載しないこととするときは、その旨
九　第76条第1項、第90条第1項又は第98条第1項の規定による請求を受理する組織の名称及び所在地
十　第90条第1項ただし書又は第98条第1項ただし書に該当するときは、その旨
十一　その他政令で定める事項
2　前項の規定は、次に掲げる個人情報ファイルについては、適用しない。
一　国の安全、外交上の秘密その他の国の重大な利益に関する事項を記録する個人情報ファイル
二　犯罪の捜査、租税に関する法律の規定に基づく犯則事件の調査又は公訴の提起若しくは維持のために作成し、又は取得する個人情報ファイル
三　当該機関の職員又は職員であった者に係る個人情報ファイルであって、専らその人事、給与若しくは福利厚生に関する事項又はこれらに準ずる事項を記録するもの（当該機関が行う職員の採用試験に関する個人情報ファイルを含む。）
四　専ら試験的な電子計算機処理の用に供するための個人情報ファイル
五　前項の規定による通知に係る個人情報ファイルに記録されている記録情報の全部又は一部を記録した個人情報ファイルであって、その利用目的、記録項目及び記録範囲が当該通知に係るこれらの事項の範囲内のもの
六　1年以内に消去することとなる記録情報のみを記録する個人情

報ファイル

七　資料その他の物品若しくは金銭の送付又は業務上必要な連絡のために利用する記録情報を記録した個人情報ファイルであって、送付又は連絡の相手方の氏名、住所その他の送付又は連絡に必要な事項のみを記録するもの

八　職員が学術研究の用に供するためその発意に基づき作成し、又は取得する個人情報ファイルであって、記録情報を専ら当該学術研究の目的のために利用するもの

九　本人の数が政令で定める数に満たない個人情報ファイル

十　第3号から前号までに掲げる個人情報ファイルに準ずるものとして政令で定める個人情報ファイル

十一　第60条第2項第2号に係る個人情報ファイル

3　行政機関の長は、第1項に規定する事項を通知した個人情報ファイルについて、当該行政機関がその保有をやめたとき、又はその個人情報ファイルが前項第9号に該当するに至ったときは、遅滞なく、個人情報保護委員会に対しその旨を通知しなければならない。

個人情報ファイルの保有等に関する事前通知は、行政機関のみに課されており、地方公共団体には課されていない。改正個人情報保護法75条で条文が引用されているため、条文自体は掲載するが、事前通知に関する説明は割愛する。

(19) 個人情報ファイル簿の作成及び公表（改正個情法75条）

（改正前：行個法11条）

第75条　行政機関の長等は、政令で定めるところにより、当該行政機関の長等の属する行政機関等が保有している個人情報ファイルについて、それぞれ前条第1項第1号から第7号まで、第9号及び第10号に掲げる事項その他政令で定める事項を記載した帳簿（以下こ

の章において「個人情報ファイル簿」という。）を作成し、公表しなければならない。

2　前項の規定は、次に掲げる個人情報ファイルについては、適用しない。

一　前条第2項第1号から第10号までに掲げる個人情報ファイル

二　前項の規定による公表に係る個人情報ファイルに記録されている記録情報の全部又は一部を記録した個人情報ファイルであって、その利用目的、記録項目及び記録範囲が当該公表に係るこれらの事項の範囲内のもの

三　前号に掲げる個人情報ファイルに準ずるものとして政令で定める個人情報ファイル

3　第1項の規定にかかわらず、行政機関の長等は、記録項目の一部若しくは前条第1項第5号若しくは第7号に掲げる事項を個人情報ファイル簿に記載し、又は個人情報ファイルを個人情報ファイル簿に掲載することにより、利用目的に係る事務又は事業の性質上、当該事務又は事業の適正な遂行に著しい支障を及ぼすおそれがあると認めるときは、その記録項目の一部若しくは事項を記載せず、又はその個人情報ファイルを個人情報ファイル簿に掲載しないことができる。

4　地方公共団体の機関又は地方独立行政法人についての第1項の規定の適用については、同項中「定める事項」とあるのは、「定める事項並びに記録情報に条例要配慮個人情報が含まれているときは、その旨」とする。

5　前各項の規定は、地方公共団体の機関又は地方独立行政法人が、条例で定めるところにより、個人情報ファイル簿とは別の個人情報の保有の状況に関する事項を記載した帳簿を作成し、公表することを妨げるものではない。

ポイント 個人情報取扱事務登録簿等を作成しても、個人情報ファイル簿も作成する必要がある。

○概要・改正による変更点

保有している個人情報ファイルの名称、利用目的、記録項目などの個人情報ファイルに関する概略を記載した帳簿として、「個人情報ファイル簿」を作成し、公表することとしている。作成するタイミングは、個人情報ファイルを保有してから直ちにである（改正個情法施行令20条1項）。

行政機関等の保有個人データについては、①紙文書の中やワープロソフトで作成したデータに散在的に記録されているもの（散在情報）のほか、②データベースとして体系的に整理され、保管・利用されている「個人情報ファイル」の形で管理しているものがある。個人情報ファイルが不適切に利用された場合や漏えいされた場合、一般に、個人の権利利益の侵害の度合いは、散在情報に比べて大きくなるため、個人情報ファイルの存在及び概要を明らかにすることにより透明性の確保を図り、行政機関における利用目的ごとの保有個人情報の適正な管理に役立てるとともに、本人が自己に関する個人情報の利用の実態をより的確に認識することができるようにしたものである（総務省「よくある質問とその回答」、行個法の解説61頁参照）。

規律の考え方では、地方公共団体の機関及び地方独立行政法人に関しては、個人情報ファイルの保有等に係る事前通知に関する規律の適用はないものの、個人情報ファイル簿の作成及び公表に関する規律について、現行の行政機関個人情報保護法の相当する規定の解釈運用を原則として踏襲した上で適用するとされている。

行政個人情報保護法における個人情報ファイル簿のイメージ

<table>
<tr><td>個人情報ファイルの名称</td><td colspan="2">個人情報保護取扱主任者受験者ファイル</td></tr>
<tr><td>行政機関の名称</td><td colspan="2">○○省</td></tr>
<tr><td>個人情報ファイルが利用に供される事務をつかさどる組織の名称</td><td colspan="2">○○局○○課</td></tr>
<tr><td>個人情報ファイルの利用目的</td><td colspan="2">個人情報保護取扱主任者試験の実施及び合格者の選定のために利用する</td></tr>
<tr><td>記録項目</td><td colspan="2">1受験年度、2受験番号、3氏名、4生年月日、5性別、6住所、7電話番号、8合否の別、9合格順位、10得点</td></tr>
<tr><td>記録範囲</td><td colspan="2">個人情報保護試験の受験者（令和○○年度以降）</td></tr>
<tr><td>記録情報の収集方法</td><td colspan="2">○○から○○により収集した。</td></tr>
<tr><td>要配慮個人情報が含まれるときは、その旨</td><td colspan="2">無</td></tr>
<tr><td>記録情報の経常的提供先</td><td colspan="2">××省▲▲局■■課</td></tr>
<tr><td rowspan="2">開示請求等を受理する組織の名称及び所在地</td><td colspan="2">（名　　称）○○省○○局○○課</td></tr>
<tr><td colspan="2">（所在地）東京都千代田区霞が関○－○－○</td></tr>
<tr><td rowspan="2">個人情報ファイルの種別</td><td>☑法第60条第2項第1号
（電算処理ファイル）</td><td rowspan="2">□法第60条第2項第2号
（マニュアル処理ファイル）</td></tr>
<tr><td>令第20条7項に該当するファイル
□有　☑無</td></tr>
<tr><td>行政機関非識別加工情報の提案をする個人情報ファイルである旨</td><td colspan="2">該当</td></tr>
<tr><td>行政機関非識別加工情報の提案を受ける組織の名称及び所在地</td><td colspan="2">（名 称）○○省○○局○○課
（所在地）〒100-0000 東京都千代田区霞が関○-○-○</td></tr>
<tr><td>個人情報ファイルが第2条第9項第2号ロに該当する場合には、意見書の提出が与えられる旨</td><td colspan="2">無</td></tr>
<tr><td>行政機関非識別加工情報の概要</td><td colspan="2">—</td></tr>
<tr><td>作成された行政機関非識別加工情報に関する提案を受ける組織の名称及び所在地</td><td colspan="2">（名 称）○○省○○局○○課
（所在地）〒100-0000 東京都千代田区霞が関○-○-○</td></tr>
<tr><td>作成された行政機関非識別加工情報に関する提案をすることができる期間</td><td colspan="2">—</td></tr>
<tr><td>備　　考</td><td colspan="2"></td></tr>
</table>

出典：総務省「よくある質問とその回答」、個人情報保護委員会資料「国の行政機関・独立行政法人等における非識別加工情報の制度のあらまし」を参考に作成。なお、条文は、改正個情法、同法施行令に合わせて改訂している。

以下の個人情報ファイルについては、個人情報ファイル簿の作成・公表は不要とされている（本条2項1号・74条2項1号～10号）。

① 国の安全、外交上の秘密等の国の重大な利益に関する事項を記録した個人情報ファイル
② 犯罪の捜査、租税に関する犯則事件の調査等のために作成した個人情報ファイル
③ 職員等の人事、給与等に関する事項を記録した個人情報ファイル
④ 試験的に作られた個人情報ファイル
⑤ 既に個人情報ファイル簿により公表されている個人情報ファイルのコピーファイル
⑥ 1年以内に消去される個人情報のみを記録している個人情報ファイル
⑦ 物品・金銭の送付や業務連絡のためのみに利用している個人情報ファイル
⑧ 専ら学術研究のために作成・取得され、利用される個人情報ファイル
⑨ 本人の数が政令で定める数（改正個情法施行令19条2項では、1,000人）に満たない個人情報ファイル
⑩ 上記③から⑨までに掲げる個人情報ファイルに準ずるものとして政令で定める個人情報ファイル

上記⑤に関し、他の行政機関から提供を受けた個人情報ファイルでも、提供を受けた行政機関においてもその一定の事務の目的を達成するために「個人情報ファイル」として利用している場合は、個人情報ファイル簿の作成・公表が必要となる。

また、上記⑨に関し、個人情報ファイルの中に、同じ「本人」が複数記録されている場合には、重複を除いた上で一人として数えるものとされている。

なお、個人情報ファイル簿については、以下の二つの方法により公表することとされている。

① 事務所における個人情報ファイル簿の閲覧

行政機関は、自らが保有する個人情報ファイルに係る個人情報ファイル簿を「事務所に備えて置き一般の閲覧に供する」(改正個情法施行令20条5項前段)こととされている。この場合の個人情報ファイル簿は、当該行政機関で「保有している個人情報ファイルを通じて一の帳簿」(同条2項)とされていることから、各行政機関の代表的な窓口に、それぞれ備え置かれている。

② 電子政府の総合窓口（e-Gov）での公表

上記①の方法のほか、「インターネットの利用その他の情報通信の技術を利用する方法により公表」することとされている（改正個情法20条5項後段)。行政機関が保有する個人情報ファイルに係る個人情報ファイル簿については、横断的な検索ができるように、電子政府の総合窓口（e-Gov）（URL：https://www.e-gov.go.jp/ ）において一括して公表されている。

○地方公共団体における注意点

規律の考え方では、現状、地方公共団体の条例に基づき運用されている「個人情報取扱事務登録簿」に関する運用については、令和3年改正法の施行後も、各地方公共団体が条例で定めを置くことにより、同様の運用を継続することができる（個情法75条5項）とされている。もっとも、個人情報取扱事務登録簿が個人情報ファイルよりも、地域の特性を反映しているなどの特別な事情がない限りは、個人情報取扱事務登録簿の作成により「個人の権利利益」がより厚く保護されることになるといった事情はないであろう。

① 個人情報の保有状況を記録した帳簿等の作成

個人情報の保有状況を記録した帳簿等の作成に関し、都道府県のすべて、市区町村の95.2%で規定が置かれていた。そのうち、個人情報ファイル簿（各団体における個人情報の保有状況を公表すること又は個人情報の本人が非識別加工情報の提案対象となる個人情報ファイルを知り、事業者が円滑に提案のための準備作業を行うことができるようにすることを目的として、個人情報を含む情報の集合物（データベース等）を単位として作成する帳簿等であって、それぞれの情報の集合物の利用目的、記録項目、記録範囲、収集方法等について記載したもの）を作成することとしていたのは、都道府県の8.5%、市区町村の30.7%であった。また、個人情報取扱事務登録簿等（各団体における個人情報の保有状況を公表することを目的として作成する帳簿等であって、個人情報ファイル簿以外のもの。例：個人情報を取り扱う事務を単位として作成した、個人情報取扱事務登録簿）を作成することとしていたのは、都道府県の93.6%、市区町村 の81.7%であった（地方自治情報管理概要）。

② 個人情報の保有状況を記録した帳簿等の公表規定

個人情報の保有状況を記録した帳簿等の公表規定は、すべての都道府県と、市区町村の92.3%にあった。このうち、個人情報ファイル簿を対象とするのは、都道府県の8.5%、市区町村の29.5%であり、個人情報取扱事務登録簿等を対象とするのは都道府県の93.6%、市区町村の78.7%であった（地方自治情報管理概要）。

③ 個人情報の保有状況を記録した帳簿等に要配慮個人情報の記載の有無

個人情報の保有状況を記録した帳簿等に要配慮個人情報の記載の有無の欄があったのは、都道府県の70.2%、市区町村の29.4%であった（地方自治情報管理概要）。

(20) 開示、訂正、利用停止及び審査請求(総論)、条例との関係(改正個情法5章4節)

ポイント 基本的には、改正個人情報保護法(行政機関個人情報保護法)に従った取扱いに統一されることとなる。

ア 総 論

保有個人情報についての取扱いに関する実効性を確保するため、本人関与の仕組みとして、開示、訂正、利用停止及び審査請求の手続が設けられている。第三者機関としての情報公開・個人情報保護審査会によるチェックも定められている。

規律の考え方では、国の行政機関及び独立行政法人等に関しては、「改正後の個人情報保護法においても、開示、訂正及び利用停止に関する規律(法第5章第4節)について、現行の行政機関個人情報保護法の相当する規定の解釈運用を基本的に踏襲する」とされている。

一方で、地方公共団体の機関及び地方独立行政法人に関しても、「国の行政機関及び独立行政法人等と同様の規律が原則として適用されることになるが、地方公共団体毎に定められている情報公開条例との整合性を確保するため、非開示情報、開示等手続細則及び審査請求手続については、法律の範囲内で独自規定を条例で定めることができる」とされている(詳しくは、後述)。

規律全体としては、民間部門に関する令和2年個人情報保護法改正で重要な改正点とされていた「個人の権利の在り方」に関する改正が導入されておらず、行政機関個人情報保護法の規律を基本的にそのまま導入した印象が強い。

令和3年の国会決議における附帯決議四では、「1　個人の権利利益の保護を図るため、自己に関する情報の取扱いについて自ら決定できること、本人の意思に基づいて自己の個人データの移動を円滑に行うこと、個人データが個人の意図しない目的で利用される場合等に当該個人データの削除を求めること及び本人の同意なしに個人データを自動的に分析又は予測されないことの確保の在り方について検討を加え、必要な措置を講ずること」とされ、また、「4　行政機関等が個人情報を利用する際、個人が自己の情報の利用状況を把握できる仕組みについて、情報通信技術の進展を踏まえた見直しを検討すること」とされている。

改正個人情報保護法124条で刑の執行等に係る保有個人情報（同条1項）や、まだ分類その他の整理が行われていないもので、同一の利用目的に係るものが著しく大量にあるためその中から特定の保有個人情報を検索することが著しく困難であるもの（同条2項）が適用除外とされていることや、同法127条で開示請求等をしようとする者に対する情報の提供等に関する規定が置かれており、注意が必要である。

○地方公共団体における注意点

すべての都道府県、ほぼすべての市町村で開示・訂正・利用停止の各請求に関する規定を設けられている。なお、利用停止の請求規定がない市町村が2.9％あった（実態調査結果概要)。

本人開示等請求における不開示情報の範囲（改正個情法78条2項)、本人開示等請求における手数料（改正個情法89条2項)、保有個人情報の開示、訂正及び利用停止の手続並びに審査請求の手続に関する事項（改正個情法108条）については、条例で規定を設けることが認められている。詳細は各条文を参照されたい。

イ 条例との関係（改正個情法108条）

（新設）

第108条 この節の規定は、地方公共団体が、保有個人情報の開示、訂正及び利用停止の手続並びに審査請求の手続に関する事項について、この節の規定に反しない限り、条例で必要な規定を定めることを妨げるものではない。

○概要・改正による変更点

最終報告37頁では、条例による規定について、次のように整理されていた。

「①現在、地方公共団体の条例において自己情報の利用停止請求権の規定がない例が存在するが、自己情報の開示、訂正及び利用停止の請求権は、全ての地方公共団体等にこれを請求できることとすることが適当である。

②また、現在、地方公共団体の条例で規定される自己情報の開示請求等の要件や手続は、同様に条例で規定される情報公開制度との整合性を図りつつ定められており、今次の法制化において地方公共団体等の個人情報に関して自己情報の開示請求等を規定するに当たっては、地方公共団体等の情報公開制度との整合を図る必要がある。

③ ①及び②の要請を満たすよう、自己情報の開示請求等の請求権、要件、手続の主要な部分は法律により、地方公共団体等の情報公開制度における開示に係る規定との整合を図る部分、手数料、処理期間等は、法律で一定の枠付けをした上で条例により規定することを可能とすることを検討することが適当である。」

国会審議における答弁では、本条について、「第108条は、本人開示等請求に係る手続は対外的な効果を持ち、単なる団体内部の手続的事項とは言えない部分があるので、条例を置き得ることを明記するもの」と説明されていた（第204回通常国会参議院内閣委員会会議録13号〔令

和3年4月20日〕［平井卓也大臣答弁］）。

規律の考え方では、開示等関連の規定の具体例を含め、以下のように記載されている。

「地方公共団体の機関及び地方独立行政法人（規律移行法人※を含む。）に関しても、国の行政機関及び独立行政法人等と同様の規律が原則として適用されることになるが、地方公共団体毎に定められている情報公開条例との整合性を確保するため、非開示情報、開示等手続細則及び審査請求手続については、法律の範囲内で独自規定を条例で定めることができる。

【条例と開示等手続きとの関係】

●条例において定めることが許容される開示等関連の規定の例

情報公開条例の規定と同様の非開示情報を追加すること

法で定める開示決定等の期限を短縮すること（法は原則として請求から30日以内と規定）

手数料を無料又は従量制とすること

※口頭開示について、許容されるとすればどのような場合・範囲で可能かについて今後整理予定。

●条例において定めることが許容されない開示等関連の規定の例

情報公開条例との整合確保と無関係な非開示情報を追加すること

法で定める開示決定等の期限を延長すること」

○地方公共団体における注意点

公的部門ガイドラインで、条例で制定ができる「必要な規定」について、具体例が示されると考えられる。具体例として示されたもの以外で、地域の特性に照らし特に必要がある場合に該当し、条例を制定するかどうかは、各地方公共団体で検討する必要がある。

(21) 開示(改正個情法5章4節1款)

ア 開示請求権(改正個情法76条)

(改正前:行個法12条)

(開示請求権)

第76条 何人も、この法律の定めるところにより、行政機関の長等に対し、当該行政機関の長等の属する行政機関等の保有する自己を本人とする保有個人情報の開示を請求することができる。

2 未成年者若しくは成年被後見人の法定代理人又は本人の委任による代理人(以下この節において「代理人」と総称する。)は、本人に代わって前項の規定による開示の請求(以下この節及び第127条において「開示請求」という。)をすることができる。

○概要・改正による変更点

公的部門における個人情報保護法の開示請求権(5章4節1款)は、行政機関等が個人情報の保有の制限(61条)、正確性の確保(65条)、利用及び提供の制限(69条)などの個人情報の取扱いに関する規律に従い、個人情報を適正に取り扱っているかを確認できるように、個人が行政機関等に対して、自己を本人とする個人情報の開示を請求する権利を定めたものである。本質的には、本人が、自らに関する情報を保有している行政機関等に対して、同情報の提供を求める権利を認める仕組みである。

行政機関個人情報保護法では、本人以外に開示請求をできるのは、未成年者や成年被後見人の法定代理人に限定されていたが、令和3年改正により任意代理人による開示等請求も認められることとなった(本条2項)。なお、行政機関個人情報保護法では、本人が請求し得る限り一般に代理請求を認める実益に乏しく、また広く代理請求を認めることは、本人の権利利益保護に欠けるおそれがあるとされていた(行個法の解説67頁)。私見ながら、時間的制約などがある本人が代理人に依頼をして自らの権利を行使することは他の制度でも許容されており、これまで任意代理人による請求が認められていなかったことは、本人の権利行使を制限するもので不合理であった。

情報公開制度でも開示請求権が定められているが、情報公開法では、政府の有するその諸活動を国民に説明する責務が全うされるようにするとともに、国民の的確な理解と批判の下にある公正で民主的な行政の推進に資することを目的としており、この目的を達成するために、行政機関に対して行政文書の開示を請求する権利を定めている（同法1条）（総務省「よくある質問とその回答」参照）。このため、下記のような違いが生じている。

個人情報保護法（公的部門）と情報公開法における開示請求権制度の違い

	個人情報保護法（公的部門）	情報公開法
開示請求者	何人も自己を本人とする保有個人情報の開示を請求することができる。このため、開示請求者が本人であることの確認を要する（改正個情法77条2項）。	何人も行政文書の開示を請求することができる。開示請求者が誰であるかを問わないため、開示請求者が本人であることの確認を要しない。
開示請求の対象	行政文書に記録された「保有個人情報」。開示請求の対象である保有個人情報が記録されている行政文書中に含まれる他の情報は、開示請求の対象外（改正個情法76条・78条1項）。	「行政文書」（情報公開法3条）
不開示情報	両法の開示請求権制度における不開示情報の類型は、基本的に同じ。 個情法では、本人に開示することによる支障の有無を判断する（改正個情法78条）のに対し、情報公開法では、公にすることによる支障の有無を判断する（情報公開法5条）。	

イ　開示請求の手続等（改正個情法77条）

（改正前：行個法13条）

（開示請求の手続）

第77条　開示請求は、次に掲げる事項を記載した書面（第3項において「開示請求書」という。）を行政機関の長等に提出してしなければならない。

一　開示請求をする者の氏名及び住所又は居所

二　開示請求に係る保有個人情報が記録されている行政文書等の名称その他の開示請求に係る保有個人情報を特定するに足りる事項

2　前項の場合において、開示請求をする者は、政令で定めるところにより、開示請求に係る保有個人情報の本人であること（前条第2項の規定による開示請求にあっては、開示請求に係る保有個人情報の本人の代理人であること）を示す書類を提示し、又は提出しなければならない。
3　行政機関の長等は、開示請求書に形式上の不備があると認めるときは、開示請求をした者（以下この節において「開示請求者」という。）に対し、相当の期間を定めて、その補正を求めることができる。この場合において、行政機関の長等は、開示請求者に対し、補正の参考となる情報を提供するよう努めなければならない。

○概要・改正による変更点

開示請求の手続について、請求したい個人情報を持っている行政機関の長等に所定の事項を記載した書面により行うべきこと、請求をする者は保有個人情報の本人であることを示す書類を提示等しなければならないことを定めるとともに、開示請求書に形式上の不備がある場合の補正の手続について定めたものである。開示請求における本人確認手続等については、改正個人情報保護法施行令21条以下で定められている。開示請求等をしようとする者に対する情報の提供等（改正個情法127条）の規定もあり、注意する必要がある。

開示請求の流れ

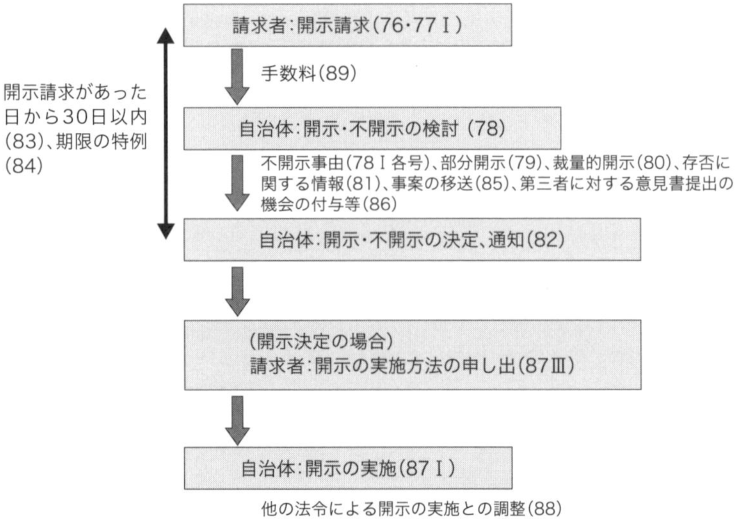

ウ　保有個人情報の開示義務（改正個情法78条）

（改正前：行個法14条）

（保有個人情報の開示義務）

第78条　行政機関の長等は、開示請求があったときは、開示請求に係る保有個人情報に次の各号に掲げる情報（以下この節において「不開示情報」という。）のいずれかが含まれている場合を除き、開示請求者に対し、当該保有個人情報を開示しなければならない。

一　開示請求者（第76条第2項の規定により代理人が本人に代わって開示請求をする場合にあっては、当該本人をいう。次号及び第3号、次条第2項並びに第86条第1項において同じ。）の生命、健康、生活又は財産を害するおそれがある情報

二　開示請求者以外の個人に関する情報（事業を営む個人の当該事業に関する情報を除く。）であって、当該情報に含まれる氏名、生年月日その他の記述等により開示請求者以外の特定の個人を識別することができるもの（他の情報と照合することにより、開示請求者以外の特定の個人を識別することができることとなるものを含む。）若しくは個人識別符号が含まれるもの又は開示請求者以外の特定の個人を識別することはできないが、開示することにより、なお開示請求者以外の個人の権利利益を害するおそれがあるもの。ただし、次に掲げる情報を除く。

イ　法令の規定により又は慣行として開示請求者が知ることができ、又は知ることが予定されている情報

ロ　人の生命、健康、生活又は財産を保護するため、開示することが必要であると認められる情報

ハ　当該個人が公務員等（国家公務員法（昭和22年法律第120号）第2条第1項に規定する国家公務員（独立行政法人通則法第2条第4項に規定する行政執行法人の職員を除く。）、独立行政法人等の職員、地方公務員法（昭和25年法律第261号）第2条に規定する地方公務員及び地方独立行政法人の職員をいう。）である場合において、当該情報がその職務の遂行に係る情報であるときは、当該情報のうち、当該公務員等の職及び当該職務遂行の内容に係る部分

三　法人その他の団体（国、独立行政法人等、地方公共団体及び地方独

立行政法人を除く。以下この号において「法人等」という。）に関する情報又は開示請求者以外の事業を営む個人の当該事業に関する情報であって、次に掲げるもの。ただし、人の生命、健康、生活又は財産を保護するため、開示することが必要であると認められる情報を除く。

イ　開示することにより、当該法人等又は当該個人の権利、競争上の地位その他正当な利益を害するおそれがあるもの

ロ　行政機関等の要請を受けて、開示しないとの条件で任意に提供されたものであって、法人等又は個人における通例として開示しないこととされているものその他の当該条件を付することが当該情報の性質、当時の状況等に照らして合理的であると認められるもの

四　行政機関の長が第82条各項の決定（以下この節において「開示決定等」という。）をする場合において、開示することにより、国の安全が害されるおそれ、他国若しくは国際機関との信頼関係が損なわれるおそれ又は他国若しくは国際機関との交渉上不利益を被るおそれがあると当該行政機関の長が認めることにつき相当の理由がある情報

五　行政機関の長又は地方公共団体の機関（都道府県の機関に限る。）が開示決定等をする場合において、開示することにより、犯罪の予防、鎮圧又は捜査、公訴の維持、刑の執行その他の公共の安全と秩序の維持に支障を及ぼすおそれがあると当該行政機関の長又は地方公共団体の機関が認めることにつき相当の理由がある情報

六　国の機関、独立行政法人等、地方公共団体及び地方独立行政法人の内部又は相互間における審議、検討又は協議に関する情報であって、開示することにより、率直な意見の交換若しくは意思決定の中立性が不当に損なわれるおそれ、不当に国民の間に混乱を生じさせるおそれ又は特定の者に不当に利益を与え若しくは不利益を及ぼすおそれがあるもの

七　国の機関、独立行政法人等、地方公共団体又は地方独立行政法人が行う事務又は事業に関する情報であって、開示することにより、次に掲げるおそれその他当該事務又は事業の性質上、当該事務又は事業の適正な遂行に支障を及ぼすおそれがあるもの

イ　独立行政法人等、地方公共団体の機関又は地方独立行政法人が開示決定等をする場合において、国の安全が害されるおそれ、他国若しくは国際機関との信頼関係が損なわれるおそれ又は他国若しくは国際機関との交渉上不利益を被るおそれ

ロ　独立行政法人等、地方公共団体の機関（都道府県の機関を除く。）又は地方独立行政法人が開示決定等をする場合において、犯罪の予防、鎮圧又は捜査その他の公共の安全と秩序の維持に支障を及ぼすおそれ

ハ　監査、検査、取締り、試験又は租税の賦課若しくは徴収に係る事務に関し、正確な事実の把握を困難にするおそれ又は違法若しくは不当な行為を容易にし、若しくはその発見を困難にするおそれ

ニ　契約、交渉又は争訟に係る事務に関し、国、独立行政法人等、地方公共団体又は地方独立行政法人の財産上の利益又は当事者としての地位を不当に害するおそれ

ホ　調査研究に係る事務に関し、その公正かつ能率的な遂行を不当に阻害するおそれ

ヘ　人事管理に係る事務に関し、公正かつ円滑な人事の確保に支障を及ぼすおそれ

ト　独立行政法人等、地方公共団体が経営する企業又は地方独立行政法人に係る事業に関し、その企業経営上の正当な利益を害するおそれ

2　地方公共団体の機関又は地方独立行政法人についての前項の規定の適用については、同項中「掲げる情報（」とあるのは、「掲げる情報（情報公開条例の規定により開示することとされている情報として条例で定めるものを除く。）又は行政機関情報公開法第５条に規定する不開示情報に準ずる情報であって情報公開条例において開示しないこととされているもののうち当該情報公開条例との整合性を確保するために不開示とする必要があるものとして条例で定めるもの（」とする。

○概要・改正による変更点

行政機関の長等に、原則として、開示請求に対する開示義務があること明らかにしている。開示請求に係る保有個人情報に不開示情報が

含まれている場合には、例外として、当該保有個人情報を不開示にするとされており、本条1項1号及び2号では、不開示情報としての要件を定めている。

令和3年改正で、不開示事由について、行政機関個人情報保護法から文言の修正が行われたが、基本的に内容に関する変更はない。また令和3年改正で、本条2項が追加され、不開示事由を条例で定められることが明記されている。

次に、不開示事由について、総務省「よくある質問とその回答」を参照して説明する。

① 本人に関する情報（本条1項1号）

本人に対して本人に関する情報を開示する場合でも、開示により本人の利益を害するおそれがある場合があるため、開示請求者の生命、健康、生活又は財産を害するおそれがある情報を不開示情報としている。具体的には、カルテを患者本人に開示する場合に、患者の精神状態等からみて、開示により病状の悪化をもたらすおそれがあるような場合が想定される。

② 第三者に関する情報（本条1項2号）

開示請求の対象となっている保有個人情報の中に本人以外の第三者（個人）の情報が含まれている場合には、開示により、第三者の権利利益を害するおそれがあり、第三者に関する情報を不開示情報としている。また、第三者に関する情報について、特定の個人を識別することができない場合でも、開示により、なお個人の権利利益を害するおそれがある場合には、同様に不開示情報としている。ただし、人の生命、健康等を保護するために開示することが必要であると認められる場合には、例外的に開示される。

開示請求者以外の個人（第三者）に関する情報については、「（他の情報と照合することにより、開示請求者以外の特定の個人を識別することができることとなるものを含む。)」との文言がそのまま残され、行政機関個人情報保護法の解釈を維持するとされており、不開示情報としての該当性は情報の開示先における照合可能性も考慮して判断されるため、注意が必要である。

③　法人等に関する情報（本条1項3号）

法人等に関する情報であって、開示により、法人の権利や競争上の地位等を害するおそれがあるものなどを不開示情報としている。ただし、人の生命、健康等を保護するために開示することが必要であると認められる場合には、例外的に開示される。

④　国の安全等に関する情報（本条1項4号）

⑤　公共の安全等に関する情報（本条1項5号）

我が国の安全、他国等との信頼関係及び我が国の国際交渉上の利益や公共の安全と秩序を維持することは、国民全体の基本的な利益であるため、これらが害されるおそれがあると行政機関の長が認めることについて相当の理由がある情報を不開示情報としている。これらの情報については、その性質上、開示・不開示の判断に高度の政策的な判断を伴うことなどから、司法審査の場において、裁判所は行政機関の長の第一次的な判断を尊重することが適当であることによる。

⑥　審議検討等に関する情報（本条1項6号）

国の機関等の事務事業について意思決定を行う際には、様々な審議や検討が行われる。これらに関する情報であって、開示することにより、率直な意見交換や意思決定の中立性が不当に損なわれるおそれ、不当に国民の間に混乱を生じさせるおそれがあるものなどを不開示情報としている。

⑦　事務事業に関する情報（本条1項7号）

国の機関等が行う事務事業に関する情報であって、開示することにより、当該事務事業の適正な遂行に支障を及ぼすおそれがあるものを不開示情報としている。

○地方公共団体における注意点

本条2項の適用により、地方公共団体の機関又は地方独立行政法人では、本条1項の規定の適用は、行政機関の長等は、「開示請求があったときは、開示請求に係る保有個人情報に次の各号に掲げる情報（情報公開条例の規定により開示することとされている情報として条例で定めるものを除く。）又は行政機関情報公開法第5条に規定する不開示情報に準ずる情報であって情報公開条例において開示しないこととされているもののうち当該情報公開条例との整合性を確保するために不開示とする必要があるものとして条例で定めるもの（以下この節において「不開示情報」という。）のいずれかが含まれている場合を除き、開示請求者に対し、当該保有個人情報を開示しなければならない」こととなる。

エ　部分開示（改正個情法79条）

（改正前：行個法15条）

（部分開示）

第79条　行政機関の長等は、開示請求に係る保有個人情報に不開示情報が含まれている場合において、不開示情報に該当する部分を容易に区分して除くことができるときは、開示請求者に対し、当該部分を除いた部分につき開示しなければならない。

2　開示請求に係る保有個人情報に前条第1項第2号の情報（開示請求者以外の特定の個人を識別することができるものに限る。）が含まれている場合において、当該情報のうち、氏名、生年月日その他の開示請求者以外の特定の個人を識別することができることとなる記述等及び個人識別符号の部分を除くことにより、開示しても、開示請求者以外の個人の権利利益が害されるおそれがないと認められるときは、当該部分を除いた部分は、同号の情報に含まれないものとみなして、前項の規定を適用する。

○概要・改正による変更点

本条1項は、開示請求に係る保有個人情報の一部に不開示情報が含まれている場合においても、行政機関の長等の部分開示の義務があること、その内容及び要件を明らかにしている。

本条2項は、開示請求に係る保有個人情報に開示請求者以外の特定の個人を識別することができる情報（不開示情報）が含まれている場合に、当該情報のうち個人識別性のある部分を除くことによる部分開示の義務があることを定めている。

令和3年改正において、内容に影響がある改正はない。

オ　裁量的開示（改正個情法80条）

（改正前：行個法16条）

（裁量的開示）

第80条　行政機関の長等は、開示請求に係る保有個人情報に不開示情報が含まれている場合であっても、個人の権利利益を保護するため特に必要があると認めるときは、開示請求者に対し、当該保有個人情報を開示することができる。

○概要・改正による変更点

開示請求に係る保有個人情報に不開示情報が含まれている場合であっても、個人の権利利益を保護するため特に必要があると認めるときには、開示請求者に対し、当該保有個人情報を開示することができることを定めている。

令和3年改正において、内容に影響がある改正はない。

カ　保有個人情報の存否に関する情報（改正個情法81条）

（改正前：行個法17条）

（保有個人情報の存否に関する情報）
第81条　開示請求に対し、当該開示請求に係る保有個人情報が存在しているか否かを答えるだけで、不開示情報を開示することとなるときは、行政機関の長等は、当該保有個人情報の存否を明らかにしないで、当該開示請求を拒否することができる。

○概要・改正による変更点

開示請求の拒否処分の一態様として、一定の場合に、行政機関の長等が、保有個人情報の存否自体を明らかにしないで、開示請求を拒否できることを定めている。

具体的には、犯罪の容疑者等特定の個人を対象とした内偵捜査に関する情報について、本人から開示請求があった場合等が想定されている（行個法の解説107頁）。

令和3年改正において、内容に影響がある改正はない。

キ　開示請求に対する措置等（改正個情法82条～84条）

（改正前：行個法18条～20条）

（開示請求に対する措置）
第82条　行政機関の長等は、開示請求に係る保有個人情報の全部又は一部を開示するときは、その旨の決定をし、開示請求者に対し、その旨、開示する保有個人情報の利用目的及び開示の実施に関し政令で定める事項を書面により通知しなければならない。ただし、第62条第2号又は第3号に該当する場合における当該利用目的については、この限りでない。

2　行政機関の長等は、開示請求に係る保有個人情報の全部を開示しないとき（前条の規定により開示請求を拒否するとき、及び開示請求に係る保有個人情報を保有していないときを含む。）は、開示をしない旨の決定をし、開示請求者に対し、その旨を書面により通知しなければならない。

（開示決定等の期限）

第83条　開示決定等は、開示請求があった日から30日以内にしなければならない。ただし、第77条第3項の規定により補正を求めた場合にあっては、当該補正に要した日数は、当該期間に算入しない。

2　前項の規定にかかわらず、行政機関の長等は、事務処理上の困難その他正当な理由があるときは、同項に規定する期間を30日以内に限り延長することができる。この場合において、行政機関の長等は、開示請求者に対し、遅滞なく、延長後の期間及び延長の理由を書面により通知しなければならない。

（開示決定等の期限の特例）

第84条　開示請求に係る保有個人情報が著しく大量であるため、開示請求があった日から60日以内にその全てについて開示決定等をすることにより事務の遂行に著しい支障が生ずるおそれがある場合には、前条の規定にかかわらず、行政機関の長等は、開示請求に係る保有個人情報のうちの相当の部分につき当該期間内に開示決定等をし、残りの保有個人情報については相当の期間内に開示決定等をすれば足りる。この場合において、行政機関の長等は、同条第1項に規定する期間内に、開示請求者に対し、次に掲げる事項を書面により通知しなければならない。

一　この条の規定を適用する旨及びその理由

二　残りの保有個人情報について開示決定等をする期限

開示請求に対する措置（改正個情法82条、行個法18条）、開示決定等の期限（改正個情法83条、行個法19条）、開示決定等の期限の特例（改正個情法84条、行個法20条）について、併せて説明する。

○概要・改正による変更点

82条は、行政機関の長等が、開示請求に対して、開示又は不開示の決定（開示決定等）をしなければならないこと、また、開示決定をする場合は、原則として、当該開示決定に係る保有個人情報の利用目的等を書面により通知しなければならないことを定めている。

83条は、開示決定等を行うべき期限（開示請求があった日から30日以内）及び延長可能な期間（延長後は開示請求があった日から60日以内）を定めている。

84条は、著しく大量の保有個人情報の開示請求があった場合における開示決定等の期限の特例を定めている。

それぞれ、令和3年改正において、内容に影響がある改正はない。

ク　事案の移送（改正個情法85条）

（改正前：行個法21条）

（事案の移送）

第85条　行政機関の長等は、開示請求に係る保有個人情報が当該行政機関の長等が属する行政機関等以外の行政機関等から提供されたものであるとき、その他他の行政機関の長等において開示決定等をすることにつき正当な理由があるときは、当該他の行政機関の長等と協議の上、当該他の行政機関の長等に対し、事案を移送することができる。この場合においては、移送をした行政機関の長等は、開示請求者に対し、事案を移送した旨を書面により通知しなければならない。

2　前項の規定により事案が移送されたときは、移送を受けた行政機関の長等において、当該開示請求についての開示決定等をしなければならない。この場合において、移送をした行政機関の長等が移送前にした行為は、移送を受けた行政機関の長等がしたものとみなす。

3　前項の場合において、移送を受けた行政機関の長等が第82条第1項の決定（以下この節において「開示決定」という。）をしたときは、当該行政機関の長等は、開示の実施をしなければならない。この場合において、移送をした行政機関の長等は、当該開示の実施に必要な協力をしなければならない。

○概要・改正による変更点

他の行政機関の長等への開示請求事案の移送について、その要件及び手続を定めている。

令和3年改正において、内容に影響がある改正はない。

ケ　第三者に対する意見書提出の機会の付与等（改正個情法86条）

（改正前：行個法23条）

（第三者に対する意見書提出の機会の付与等）

第86条　開示請求に係る保有個人情報に国、独立行政法人等、地方公共団体、地方独立行政法人及び開示請求者以外の者（以下この条、第105条第2項第3号及び第107条第1項において「第三者」という。）に関する情報が含まれているときは、行政機関の長等は、開示決定等をするに当たって、当該情報に係る第三者に対し、政令で定めるところにより、当該第三者に関する情報の内容その他政令で定める事項を通知して、意見書を提出する機会を与えることができる。

2　行政機関の長等は、次の各号のいずれかに該当するときは、開示決定に先立ち、当該第三者に対し、政令で定めるところにより、開示請求に係る当該第三者に関する情報の内容その他政令で定める事項を書面により通知して、意見書を提出する機会を与えなければならない。ただし、当該第三者の所在が判明しない場合は、この限りでない。

一　第三者に関する情報が含まれている保有個人情報を開示しようとする場合であって、当該第三者に関する情報が第78条第1項第2号ロ又は同項第3号ただし書に規定する情報に該当すると認められるとき。

二　第三者に関する情報が含まれている保有個人情報を第80条の規定により開示しようとするとき。

3　行政機関の長等は、前2項の規定により意見書の提出の機会を与えられた第三者が当該第三者に関する情報の開示に反対の意思を表示した意見書を提出した場合において、開示決定をするときは、開示決定の日と開示を実施する日との間に少なくとも2週間を置かなければならない。この場合において、行政機関の長等は、開示決定後直ちに、当該意見書（第105条において「反対意見書」という。）を提出した第三者に対し、開示決定をした旨及びその理由並びに開示を実施する日を書面により通知しなければならない。

○概要・改正による変更点

行政機関の長が開示請求の処理を行うにあたり、第三者の権利利益の適正な保護を図るため、必要な調査の一環として設けられた手続に関する規定である。第三者に対する意見書提出の機会の付与や開示に反対の意思を表示した意見書の提出があった場合の措置について定めている。

令和3年改正において、内容に影響がある改正はない。

コ　開示の実施等（改正個情法87条・88条）

（改正前：行個法24条・25条）

（開示の実施）

第87条　保有個人情報の開示は、当該保有個人情報が、文書又は図画に記録されているときは閲覧又は写しの交付により、電磁的記録に記録されているときはその種別、情報化の進展状況等を勘案して行政機関等が定める方法により行う。ただし、閲覧の方法による保有個人情報の開示にあっては、行政機関の長等は、当該保有個人情報が記録されている文書又は図画の保存に支障を生ずるおそれがあると認めるとき、その他正当な理由があるときは、その写しにより、これを行うことができる。

2　行政機関等は、前項の規定に基づく電磁的記録についての開示の方法に関する定めを一般の閲覧に供しなければならない。

3　開示決定に基づき保有個人情報の開示を受ける者は、政令で定めるところにより、当該開示決定をした行政機関の長等に対し、その求める開示の実施の方法その他の政令で定める事項を申し出なければならない。

4　前項の規定による申出は、第82条第1項に規定する通知があった日から30日以内にしなければならない。ただし、当該期間内に当該申出をすることができないことにつき正当な理由があるときは、この限りでない。

（他の法令による開示の実施との調整）
第88条　行政機関の長等は、他の法令の規定により、開示請求者に対し開示請求に係る保有個人情報が前条第1項本文に規定する方法と同一の方法で開示することとされている場合（開示の期間が定められている場合にあっては、当該期間内に限る。）には、同項本文の規定にかかわらず、当該保有個人情報については、当該同一の方法による開示を行わない。ただし、当該他の法令の規定に一定の場合には開示をしない旨の定めがあるときは、この限りでない。
2　他の法令の規定に定める開示の方法が縦覧であるときは、当該縦覧を前条第1項本文の閲覧とみなして、前項の規定を適用する。

開示の実施（改正個情法87条、行個法24条）、他の法令による開示の実施との調整（改正個情法88条、行個法25条）について、併せて説明する。

○概要・改正による変更点

87条は、保有個人情報の開示について、その実施の方法、開示決定があった後の開示の実施の申出の手続等を定めている。詳しい手続については、改正個人情報保護法施行令23条以下で定められている。

88条は、保有個人情報の開示等を定める他の法令の規定との調整について定めている。他の法令において開示請求者に対する特定の保有個人情報の開示規定（一定の場合に開示をしない旨の定めがないものに限る。）があり、その開示の方法が87条1項の本文の開示の方法（文書又は図画に記録されているときには、閲覧又は写しの交付、電磁的記録に記録されているときには行政機関が定める方法）と同一である場合には、本法に基づく開示を重ねて認める必要性がないことから、当該同一の方法による開示の限度で、本法による開示を行わないこととしている。

それぞれ、令和3年改正において、内容に影響がある改正はない。

民間部門においては、令和2年改正により、「本人は、個人情報取扱事業者に対し、当該本人が識別される保有個人データの電磁的記録の提供による方法その他の個人情報保護委員会規則で定める方法による開示を請求することができる」とされ（改正個情法33条1項）、また、「個人情報取扱事業者は、前項の規定による請求を受けたときは、原則として、本人に対し、同項の規定により当該本人が請求した方法により、遅滞なく、当該保有個人データを開示しなければならない」とされている（同条2項）が、公的部門には反映されていない。

最終報告では、令和2年改正との関係について、「国の行政機関等においては、既に開示請求者が開示方法を選択できる仕組みとなっているため（行個法第24条第3項等）、法律上の措置は不要と考えられる」とされているが、開示方法が書面のみの場合、選択の余地はない。

○地方公共団体における注意点

地方公共団体において、電磁的記録についての開示の方法を定めていない場合には、施行時までに運用を検討しておく必要がある。

サ　手数料（改正個情法89条）

（改正前：行個法26条）

第89条　行政機関の長に対し開示請求をする者は、政令で定めるところにより、実費の範囲内において政令で定める額の手数料を納めなければならない。
2　地方公共団体の機関に対し開示請求をする者は、条例で定めるところにより、実費の範囲内において条例で定める額の手数料を納めなければならない。
3　前2項の手数料の額を定めるに当たっては、できる限り利用しやすい額とするよう配慮しなければならない。
4　独立行政法人等に対し開示請求をする者は、独立行政法人等の定めるところにより、手数料を納めなければならない。
5　前項の手数料の額は、実費の範囲内において、かつ、第1項の手数料の額を参酌して、独立行政法人等が定める。
6　独立行政法人等は、前2項の規定による定めを一般の閲覧に供しなければならない。
7　地方独立行政法人に対し開示請求をする者は、地方独立行政法人の定めるところにより、手数料を納めなければならない。
8　前項の手数料の額は、実費の範囲内において、かつ、第2項の条例で定める手数料の額を参酌して、地方独立行政法人が定める。
9　地方独立行政法人は、前2項の規定による定めを一般の閲覧に供しなければならない。

○概要・改正による変更点

本条は、保有個人情報の開示請求をするにあたり、政令で定める手数料を納付すること等について定めるものである。

○地方公共団体における注意点

本条2項において、手数料については、条例で定められるとしており、従前開示請求に関する手数料が決められている場合には、同金額が条例で定められるのが通常であろう。もっとも、本条3項では、「手数料の額を定めるに当たっては、できる限り利用しやすい額とするよう配慮しなければならない」とされており、実際に手数料額を決めるにあたっては、当然ながら合理的な根拠が必要となる。

なお、改正個人情報保護法施行令26条1項では、手数料は、電子情報処理組織を使用して開示請求をする場合は200円、それ以外の場合は300円とされた。この金額については、行政機関個人情報保護法施行時から変わっておらず、同法については、「政策的配慮により、実費のうち、開示請求書記載事項の確認等の受付事務費用、開示決定等通知書の作成等の費用、開示決定等通知書送付の費用のみを積算したもの」と説明されていた（宇賀・個人情報543頁）。

(22) 訂正（改正個情法５章４節２款）

改正個人情報保護法65条では、利用目的の達成に必要な範囲内で、保有個人情報が過去又は現在の事実と合致するように努めなければならないとされている。

同規律の実効性を担保するため、誰でも、開示を受けた個人情報について、内容が事実でないと考えるときは、訂正を請求できるとされている（改正個情法90条）。

ア 訂正請求権（改正個情法90条）

（改正前：行個法27条）

（訂正請求権）

第90条 何人も、自己を本人とする保有個人情報（次に掲げるものに限る。第98条第１項において同じ。）の内容が事実でないと思料するときは、この法律の定めるところにより、当該保有個人情報を保有する行政機関の長等に対し、当該保有個人情報の訂正（追加又は削除を含む。以下この節において同じ。）を請求することができる。ただし、当該保有個人情報の訂正に関して他の法令の規定により特別の手続が定められているときは、この限りでない。

一 開示決定に基づき開示を受けた保有個人情報

二 開示決定に係る保有個人情報であって、第88条第１項の他の法令の規定により開示を受けたもの

２ 代理人は、本人に代わって前項の規定による訂正の請求（以下この節及び第127条において「訂正請求」という。）をすることができる。

３ 訂正請求は、保有個人情報の開示を受けた日から90日以内にしなければならない。

○概要・改正による変更点

本条1項では、所定の事項を記載した書面により訂正請求を行うべきこと、訂正請求書に形式上の不備がある場合の補正の手続等について定めている。

本条2項では、代理人による請求が可能であること、3項では、請求は、開示を受けた日から90日以内に、開示を行った行政機関の長や独立行政法人等に対して訂正請求書を提出して行わなければならないことがそれぞれ定められている。

令和3年改正により、任意代理人による請求も可能となった。

改正個人情報保護法では、訂正請求権の対象が、既に開示請求により開示を受けた個人情報に限定されている（改正個情法90条1項）。

対象が限定されている理由については、国会の答弁で、①開示請求がなされた場合に不開示となる情報について訂正請求や利用停止請求を認めると、結果として当該情報が開示されたのと同じ効果をもたらし得ること、②開示請求を経ずに訂正請求や利用停止請求を行うことを認めると、請求された情報が開示対象となる情報かどうか等、法定外の手続で判断する必要が生じ、制度の安定性を損なうことなどにあると説明されている（第204回通常国会参議院内閣委員会会議録17号〔令和3年5月11日〕［冨安泰一郎政府参考人答弁］）。

もっとも、訂正請求権の対象が、開示を受けた保有個人情報に限定されるとすると、不開示となる情報については、訂正する機会は一切なくなり、本人が誤った情報により不利益を受けている場合でも是正する手段がないこととなる。

私見ながら、保有個人情報が過去又は現在の事実と合致させるという目的を達成させるには、そもそも訂正請求自体ができないとするのではなく、訂正請求自体は可能として、その結果を開示しないとの方法も可能である。

イ　訂正請求の手続（改正個情法91条）

（改正前：行個法28条）

（訂正請求の手続）

第91条　訂正請求は､次に掲げる事項を記載した書面（第3項において「訂正請求書」という。）を行政機関の長等に提出してしなければならない。

一　訂正請求をする者の氏名及び住所又は居所

二　訂正請求に係る保有個人情報の開示を受けた日その他当該保有個人情報を特定するに足りる事項

三　訂正請求の趣旨及び理由

2　前項の場合において、訂正請求をする者は、政令で定めるところにより、訂正請求に係る保有個人情報の本人であること（前条第2項の規定による訂正請求にあっては、訂正請求に係る保有個人情報の本人の代理人であること）を示す書類を提示し、又は提出しなければならない。

3　行政機関の長等は、訂正請求書に形式上の不備があると認めるときは、訂正請求をした者（以下この節において「訂正請求者」という。）に対し、相当の期間を定めて、その補正を求めることができる。

○概要・改正による変更点

訂正の流れ

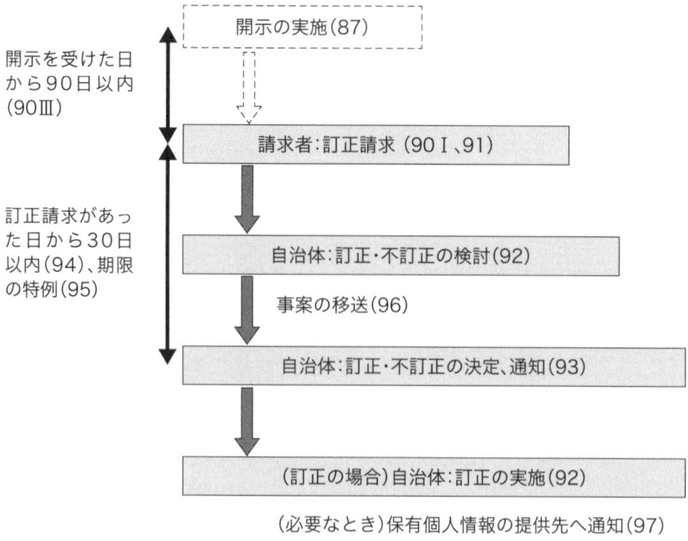

ウ　保有個人情報の訂正義務等（改正個情法92条～ 97条）

（改正前：行個法29条～ 35条）

（保有個人情報の訂正義務）

第92条　行政機関の長等は、訂正請求があった場合において、当該訂正請求に理由があると認めるときは、当該訂正請求に係る保有個人情報の利用目的の達成に必要な範囲内で、当該保有個人情報の訂正をしなければならない。

（訂正請求に対する措置）

第93条　行政機関の長等は、訂正請求に係る保有個人情報の訂正をするときは、その旨の決定をし、訂正請求者に対し、その旨を書面により通知しなければならない。

2　行政機関の長等は、訂正請求に係る保有個人情報の訂正をしないときは、その旨の決定をし、訂正請求者に対し、その旨を書面により通知しなければならない。

（訂正決定等の期限）

第94条　前条各項の決定（以下この節において「訂正決定等」という。）は、訂正請求があった日から30日以内にしなければならない。ただし、第91条第3項の規定により補正を求めた場合にあっては、当該補正に要した日数は、当該期間に算入しない。

2　前項の規定にかかわらず、行政機関の長等は、事務処理上の困難その他正当な理由があるときは、同項に規定する期間を30日以内に限り延長することができる。この場合において、行政機関の長等は、訂正請求者に対し、遅滞なく、延長後の期間及び延長の理由を書面により通知しなければならない。

（訂正決定等の期限の特例）

第95条　行政機関の長等は、訂正決定等に特に長期間を要すると認めるときは、前条の規定にかかわらず、相当の期間内に訂正決定等をすれば足りる。この場合において、行政機関の長等は、同条第1項に規定する期間内に、訂正請求者に対し、次に掲げる事項を書面により通知しなければならない。

一　この条の規定を適用する旨及びその理由

二　訂正決定等をする期限

（事案の移送）

第96条　行政機関の長等は、訂正請求に係る保有個人情報が第85条第3項の規定に基づく開示に係るものであるとき、その他他の行政機関の長等において訂正決定等をすることにつき正当な理由があるときは、当該他の行政機関の長等と協議の上、当該他の行政機関の長等に対し、事案を移送することができる。この場合においては、移送をした行政機関の長等は、訂正請求者に対し、事案を移送した旨を書面により通知しなければならない。

2　前項の規定により事案が移送されたときは、移送を受けた行政機関の長等において、当該訂正請求についての訂正決定等をしなければならない。この場合において、移送をした行政機関の長等が移送前にした行為は、移送を受けた行政機関の長等がしたものとみなす。

3　前項の場合において、移送を受けた行政機関の長等が第93条第1項の決定（以下この項及び次条において「訂正決定」という。）をしたときは、移送をした行政機関の長等は、当該訂正決定に基づき訂正の実施をしなければならない。

（保有個人情報の提供先への通知）

第97条　行政機関の長等は、訂正決定に基づく保有個人情報の訂正の実施をした場合において、必要があると認めるときは、当該保有個人情報の提供先に対し、遅滞なく、その旨を書面により通知するものとする。

保有個人情報の訂正義務（改正個情法92条、行個法29条）、訂正請求に対する措置（改正個情法93条、行個法30条）、訂正決定等の期限（改正個情法94条、行個法31条）、訂正決定等の期限の特例（改正個情法95条、行個法32条）、事案の移送（改正個情法96条、行個法33条、34条）、保有個人情報の提供先への通知（改正個情法97条、行個法35条）について、併せて説明する。

○概要・改正による変更点

92条は、訂正請求に理由があると認めるときは、行政機関の長等が、利用目的の達成に必要な範囲内で、当該保有個人情報の訂正をしなければならないとする。

93条は、行政機関の長等が、訂正請求に対して、保有個人情報の訂正をする又は訂正をしない旨の決定（訂正決定等）をし、請求者に通知しなければならないとする。

94条は、訂正決定等を行うべき原則的期限（訂正請求があった日から30日以内）及び延長等可能な期間（延長等後は訂正請求があった日から60日以内）を定める。

95条は、訂正決定等に特に長等期間を要すると認めるときの訂正決定等の期限の特例を定める。

96条は、他の行政機関の長等への訂正請求事案の移送について、その要件及び手続を定める。

97条は、独立行政法人等への訂正請求事案の移送について、その要件及び手続を定める。

それぞれ、令和3年改正において、内容に影響がある改正はない。なお、行政機関個人情報保護法34条で定めがあった、独立行政法人等への事案の移送については、独立行政法人等個人情報保護法と行政機関人情報保護法が、ともに改正個人情報保護法に統一されたことにより、事案の手続の移送の条文（改正個情法96条）に統一された。

(23) 利用停止（改正個情法5章4節3款）

改正個人情報保護法では、個人情報の保有制限（61条2項）、利用及び提供の制限（69条）について規定しているところ、これらの規律の実効性を担保するため、利用停止請求権制度が設けられ、誰でも自己に係る保有個人情報について、保有個人情報の利用停止を請求できるものとした（法98条）。

ア　利用停止請求権（改正個情法98条）

（改正前：行個法36条）

（利用停止請求権）

第98条　何人も、自己を本人とする保有個人情報が次の各号のいずれかに該当すると思料するときは、この法律の定めるところにより、当該保有個人情報を保有する行政機関の長等に対し、当該各号に定める措置を請求することができる。ただし、当該保有個人情報の利用の停止、消去又は提供の停止（以下この節において「利用停止」という。）に関して他の法令の規定により特別の手続が定められているときは、この限りでない。

一　第61条第2項の規定に違反して保有されているとき、第63条の規定に違反して取り扱われているとき、第64条の規定に違反して取得されたものであるとき、又は第69条第1項及び第2項の規定に違反して利用されているとき　当該保有個人情報の利用の停止又は消去

二　第69条第1項及び第2項又は第71条第1項の規定に違反して提供されているとき　当該保有個人情報の提供の停止

2　代理人は、本人に代わって前項の規定による利用停止の請求（以下この節及び第127条において「利用停止請求」という。）をすることができる。

3　利用停止請求は、保有個人情報の開示を受けた日から90日以内にしなければならない。

○概要・改正による変更点

本条1項は、行政機関における個人情報の適正な取扱いを確保する趣旨から、開示を受けた保有個人情報について、「個人情報保護法の規定に違反している場合」には、何人も、当該保有個人情報の利用又は提供の停止を請求することができるとする。もっとも、利用停止請求権の対象が、開示決定に基づき開示を受けた保有個人情報に限定されていること（法90条1項）に注意をする必要がある（**本章1（22）ア**（⇒p.152）参照）。

「個人情報保護法の規定に違反している場合」とは、①特定された利用目的の達成に必要な範囲を超えて個人情報を保有しているとき（法61条2項)、②不適正な利用にあたるとき（法63条)、③適法に取得されたものでないとき（法64条)、④所定の事由に該当しないにもかかわらず利用目的以外の目的で利用又は提供されているとき（法69条1項・2項)、又は⑤外国にある第三者への提供の制限に違反するとき（法71条1項）である。このうち、②、⑤については、令和3年改正で対応する条文が定められたことにより、新たに追加されたものである。

本条2項では、代理人による請求が可能であること、3項では、請求は、開示を受けた日から90日以内に、開示を行った行政機関の長や独立行政法人等に対して訂正請求書を提出して行わなければならないことがそれぞれ定められている。令和3年改正により、任意代理人による請求も可能となった。

なお、民間部門に対しては、令和2年改正で、利用停止・消去等の個人の請求権について、不正取得等の一部の法違反の場合に加えて、個人の権利又は正当な利益が害されるおそれがある場合にも要件を緩和することとされたが（改正個情法35条5項)、この点について、最終報告では、「公的部門においては、法令の定める所掌事務・業務に必要な範囲内でしか個人情報を保有することはできず（行個法第3条第2項等)、法違反の場合以外で利用停止・消去等請求権の行使を認める必要のある場合は想定されない」とされ、公的部門には反映されなかった。保有の制限（改正個情法61条）について、厳格に運営していくことが必要である。

イ　利用停止請求の手続（改正個情法99条～103条）

（改正前：行個法37条～41条）

（利用停止請求の手続）

第99条　利用停止請求は、次に掲げる事項を記載した書面（第3項において「利用停止請求書」という。）を行政機関の長等に提出してしなければならない。
一　利用停止請求をする者の氏名及び住所又は居所
二　利用停止請求に係る保有個人情報の開示を受けた日その他当該保有個人情報を特定するに足りる事項
三　利用停止請求の趣旨及び理由
2　前項の場合において、利用停止請求をする者は、政令で定めるところにより、利用停止請求に係る保有個人情報の本人であること（前条第2項の規定による利用停止請求にあっては、利用停止請求に係る保有個人情報の本人の代理人であること）を示す書類を提示し、又は提出しなければならない。
3　行政機関の長等は、利用停止請求書に形式上の不備があると認めるときは、利用停止請求をした者（以下この節において「利用停止請求者」という。）に対し、相当の期間を定めて、その補正を求めることができる。

（保有個人情報の利用停止義務）
第100条　行政機関の長等は、利用停止請求があった場合において、当該利用停止請求に理由があると認めるときは、当該行政機関の長等の属する行政機関等における個人情報の適正な取扱いを確保するために必要な限度で、当該利用停止請求に係る保有個人情報の利用停止をしなければならない。ただし、当該保有個人情報の利用停止をすることにより、当該保有個人情報の利用目的に係る事務又は事業の性質上、当該事務又は事業の適正な遂行に著しい支障を及ぼすおそれがあると認められるときは、この限りでない。

（利用停止請求に対する措置）
第101条　行政機関の長等は、利用停止請求に係る保有個人情報の利用停止をするときは、その旨の決定をし、利用停止請求者に対し、その旨を書面により通知しなければならない。
2　行政機関の長等は、利用停止請求に係る保有個人情報の利用停止をしないときは、その旨の決定をし、利用停止請求者に対し、その旨を書面により通知しなければならない。

（利用停止決定等の期限）
第102条　前条各項の決定（以下この節において「利用停止決定等」と

いう。）は、利用停止請求があった日から30日以内にしなければならない。ただし、第99条第3項の規定により補正を求めた場合にあっては、当該補正に要した日数は、当該期間に算入しない。
2　前項の規定にかかわらず、行政機関の長等は、事務処理上の困難その他正当な理由があるときは、同項に規定する期間を30日以内に限り延長することができる。この場合において、行政機関の長等は、利用停止請求者に対し、遅滞なく、延長後の期間及び延長の理由を書面により通知しなければならない。

（利用停止決定等の期限の特例）
第103条　行政機関の長等は、利用停止決定等に特に長期間を要すると認めるときは、前条の規定にかかわらず、相当の期間内に利用停止決定等をすれば足りる。この場合において、行政機関の長等は、同条第1項に規定する期間内に、利用停止請求者に対し、次に掲げる事項を書面により通知しなければならない。
一　この条の規定を適用する旨及びその理由
二　利用停止決定等をする期限

利用停止請求の手続（改正個情法99条、行個法37条）、保有個人情報の利用停止義務（改正個情法100条、行個法38条）、利用停止請求に対する措置（改正個情法101条、行個法39条）、利用停止決定等の期限（改正個情法102条、行個法40条）、利用停止決定等の期限の特例（改正個情法103条、行個法41条）について、併せて解説する。

○概要・改正による変更点

99条は、利用停止請求は所定の事項を記載した書面により行うべきこと等を定めるとともに、利用停止請求書に形式上の不備がある場合の補正の手続について定める。

100条は利用停止請求に対して行政機関の長の利用停止義務について明らかにしており、利用停止請求に理由があると認めるときは、行政機関の長が、当該行政機関における個人情報の適正な取扱いを確保するために必要な限度で、当該保有個人情報の利用停止をしなければならないことを定める。

101条は、行政機関の長が、利用停止請求に対して、利用停止をする又は利用停止をしない旨の決定（利用停止決定等）をし、請求者に通知しなければならないことを定める。

102条は、利用停止決定等を行うべき期限（利用停止請求があった日から30日以内）及び延長可能な期間（延長後は利用停止請求があった日から60日以内）を定める。

103条は、利用停止決定等に特に長期間を要すると認めるときの利用停止決定等の期限の特例を定める。

利用停止の流れ

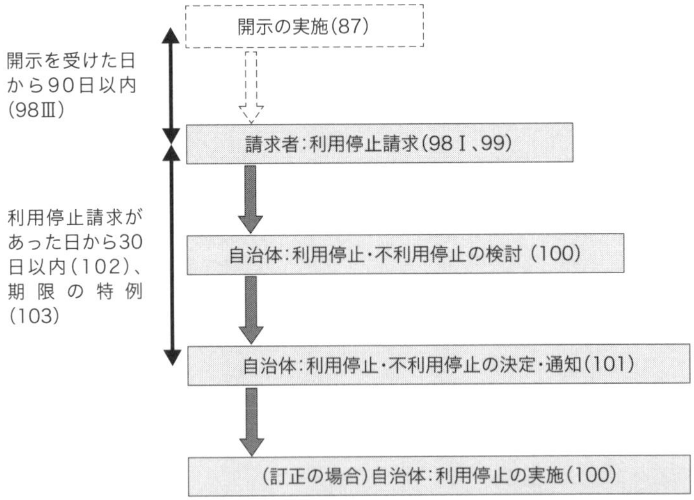

(24) 審査請求（改正個情法5章4節4款）

開示請求・訂正請求・利用停止請求に対して行政機関等が行った決定に不服があるとき、行政不服審査法に基づき、審査請求をすることができる。また、開示請求等を行ったにもかかわらず、相当の期間内に開示決定等を行われないときにも審査請求をすることができる。なお、審査請求をするには、対象となる決定があったことを知った日の翌日から起算して3か月以内に行わなければならず、また、決定があった日の翌日から起算して1年を経過したときは、原則として審査請求をすることはできない（行政不服審査法18条）。

審査請求があった場合、行政機関の長等は、原則として、情報公開・個人情報保護審査会に諮問する（改正個情法105条1項・3項）。情報公開・個人情報保護審査会では、第三者的な立場から審査請求について調査審議を行い、行政機関の長に対して答申する。行政機関の長等は、答申を尊重して審査請求に対する裁決を行う。

なお、審査請求とは別に、行政事件訴訟法の規定に基づいて、裁判所に開示等決定の取消し等を求める訴訟を提起することも可能である。

ア　審理員による審理手続に関する規定の適用除外等（改正個情法104条）

（改正前：行個法42条）

（審理員による審理手続に関する規定の適用除外等）

第104条　行政機関の長等（地方公共団体の機関又は地方独立行政法人を除く。次項及び次条において同じ。）に対する開示決定等、訂正決定等、利用停止決定等又は開示請求、訂正請求若しくは利用停止請求に係る不作為に係る審査請求については、行政不服審査法（平成26年法律第68号）第9条、第17条、第24条、第2章第3節及び第4節並びに第50条第2項の規定は、適用しない。

2　行政機関の長等に対する開示決定等、訂正決定等、利用停止決定等又は開示請求、訂正請求若しくは利用停止請求に係る不作為に係る審査請求についての行政不服審査法第2章の規定の適用については、同法第11条第2項中「第9条第1項の規定により指名された者（以下「審理員」という。）」とあるのは「第4条（個人情報の保護に関する法律（平成15年法律第57号）第107条第2項の規定に基づく政令を含む。）の規定により審査請求がされた行政庁（第14条の規定により引継ぎを受けた行政庁を含む。以下「審査庁」という。）」と、同法第13条第1項及び第2項中「審理員」とあるのは「審査庁」と、同法第25条第7項中「あったとき、又は審理員から第40条に規定する執行停止をすべき旨の意見書が提出されたとき」とあるのは「あったとき」と、同法第44条中「行政不服審査会等」とあるのは「情報公開・個人情報保護審査会（審査庁が会計検査院長である場合にあっては、別に法律で定める審査会。第50条第1項第4号において同じ。）」と、「受けたとき（前条第1項の規定による諮問を要しない場合（同項第2号又は3号に該当する場合を除く。）にあっては審理員意見書が提出されたとき、同項第2号又は第3号に該当する場合にあっては同項第2号又は第3号に規定する議を経たとき）」とあるのは「受けたとき」と、同法第50条第1項第4号中「審理員意見書又は行政不服審査会等若しくは審議会等」とあるのは「情報公開・個人情報保護審査会」とする。

地方公共団体の機関又は地方独立行政法人が対象から除かれていることから、説明は割愛する。

イ　審査会への諮問（改正個情法105条）

（改正前：行個法43条）

（審査会への諮問）

第105条　開示決定等、訂正決定等、利用停止決定等又は開示請求、訂正請求若しくは利用停止請求に係る不作為について審査請求があったときは、当該審査請求に対する裁決をすべき行政機関の長等は、次の各号のいずれかに該当する場合を除き、情報公開・個人情報保護審査会（審査請求に対する裁決をすべき行政機関の長等が会計検査院長である場合にあっては、別に法律で定める審査会）に諮問しなければならない。

一　審査請求が不適法であり、却下する場合

二　裁決で、審査請求の全部を認容し、当該審査請求に係る保有個人情報の全部を開示することとする場合（当該保有個人情報の開示

について反対意見書が提出されている場合を除く。）
三　裁決で、審査請求の全部を認容し、当該審査請求に係る保有個人情報の訂正をすることとする場合
四　裁決で、審査請求の全部を認容し、当該審査請求に係る保有個人情報の利用停止をすることとする場合
2　前項の規定により諮問をした行政機関の長等は、次に掲げる者に対し、諮問をした旨を通知しなければならない。
一　審査請求人及び参加人（行政不服審査法第13条第4項に規定する参加人をいう。以下この項及び第107条第1項第2号において同じ。）
二　開示請求者、訂正請求者又は利用停止請求者（これらの者が審査請求人又は参加人である場合を除く。）
三　当該審査請求に係る保有個人情報の開示について反対意見書を提出した第三者（当該第三者が審査請求人又は参加人である場合を除く。）
3　前2項の規定は、地方公共団体の機関又は地方独立行政法人について準用する。この場合において、第1項中「情報公開・個人情報保護審査会（審査請求に対する裁決をすべき行政機関の長等が会計検査院長である場合にあっては、別に法律で定める審査会）」とあるのは、「行政不服審査法第81条第1項又は第2項の機関」と読み替えるものとする。

○概要・改正による変更点

本条3項で、1項及び2項の規定が地方公共団体の機関又は地方独立行政法人について準用されている。これは、104条1項で、「行政機関の長等（地方公共団体の機関又は地方独立行政法人を除く。次項及び次条において同じ。）」とされているため、本条3項で準用の規定を置いているものである。

準用した1項は、開示決定等、訂正決定等又は利用停止決定等に対する不服申立てに関し、原則として、情報公開・個人情報保護審査会に諮問することを義務付けている。同審査会は、地方公共団体が現在設けている個人情報保護審査会でよいと解されている。

準用した2項は、不服申立人等が審査会に対する口頭による意見陳述の求めや意見書提出の機会等の権利を行使できるように、情報公

開・個人情報保護情報公開・個人情報保護審査会に諮問した旨を不服申立人等の関係者に通知することを諮問庁に義務付けるものである。

ウ　地方公共団体の機関等における審理員による審理手続に関する規定の適用除外等（改正個情法106条）

（新設）

（地方公共団体の機関等における審理員による審理手続に関する規定の適用除外等）

第106条　地方公共団体の機関又は地方独立行政法人に対する開示決定等、訂正決定等、利用停止決定等又は開示請求、訂正請求若しくは利用停止請求に係る不作為に係る審査請求については、行政不服審査法第9条第1項から第3項まで、第17条、第40条、第42条、第2章第4節及び第50条第2項の規定は、適用しない。

2　地方公共団体の機関又は地方独立行政法人に対する開示決定等、訂正決定等、利用停止決定等又は開示請求、訂正請求若しくは利用停止請求に係る不作為に係る審査請求についての次の表の上欄に掲げる行政不服審査法の規定の適用については、これらの規定中同表の中欄に掲げる字句は、それぞれ同表の下欄に掲げる字句とするほか、必要な技術的読替えは、政令で定める。

（以下略）

○概要・改正による変更点

不作為に係る審査請求については、行政不服審査法のうち、9条（審理員）の一部、17条（審理員となるべき者の名簿）、40条（審理員による執行停止の意見書の提出）、42条（審理員意見書）、2章4節（行政不服審査会等への諮問）、50条（裁決の方式）の一部の適用が除外されている。不作為に係る審査請求については、審理員による審理を経ないで情報公開・個人情報保護審査会に諮問する方が、審理を迅速化して、審査請求人の利益にかなうと考えられることから、審理員制度を適用しないこととされている（宇賀・個人情報575頁）。

エ　第三者からの審査請求を棄却する場合等における手続等（改正個情法107条）

（改正前：行個法44条）

（第三者からの審査請求を棄却する場合等における手続等）

第107条　第86条第3項の規定は、次の各号のいずれかに該当する裁決をする場合について準用する。

一　開示決定に対する第三者からの審査請求を却下し、又は棄却する裁決

二　審査請求に係る開示決定等（開示請求に係る保有個人情報の全部を開示する旨の決定を除く。）を変更し、当該審査請求に係る保有個人情報を開示する旨の裁決（第三者である参加人が当該第三者に関する情報の開示に反対の意思を表示している場合に限る。）

2　開示決定等、訂正決定等、利用停止決定等又は開示請求、訂正請求若しくは利用停止請求に係る不作為についての審査請求については、政令（地方公共団体の機関又は地方独立行政法人にあっては、条例）で定めるところにより、行政不服審査法第4条の規定の特例を設けることができる。

○概要・改正による変更点

本条1項は、開示に反対の意思を有する第三者の不服申立てを拒否する場合及び第三者の意思に反して開示すべき旨の裁決又は決定を行う場合に、当該第三者が訴訟を提起する機会を確保すること等を目的として、第三者に対する意見書提出の機会の付与等（改正個情法86条）のうち、開示決定の日と開示を実施する日との間に少なくとも2週間を置かなければならないとする規定（同条3項）を準用している。

本条2項は、審査請求の特例は単なる手続的事項ではなく、執行（実施）命令として規定することには議論がありうることから、委任命令として特例を設けることとし、具体的な委任関係を設けたものとされている（宇賀・個人情報588頁）。

コラム

情報公開・個人情報保護審査会に対する勧告権限

最終報告38頁では、次のように、個人情報保護委員会に情報公開・個人情報保護審査会に対する勧告権限を与えるのが適当であるとされていた。

「4.なお、自己情報の開示決定等に対する審査請求については、国の行政機関等についての検討において、行政機関情報公開法上の開示決定等についての審査請求との整合性の維持、情報公開・個人情報保護審査会に蓄積された知見の継承の観点から、一元化後も、現行の情報公開・個人情報保護審査会の機能を基本的に維持することとしつつ、個別の開示決定等について個人情報保護委員会の判断が及ぶようにするために個人情報保護委員会に勧告権限を与えるのが適当であるとしている。

この点、地方公共団体等についても、情報公開条例上の開示決定等についての審査請求との整合性の維持、諮問機関である審査会に蓄積された知見の継承の観点は共通するものであるから、国の行政機関等に関する上記整理と同様、法制化後も、現行の諮問機関である審査会等の機能を基本的に維持することとしつつ、個人情報保護委員会に勧告権限を与えることとするのが適当である。個人情報保護委員会の勧告は、地方公共団体等の審査会等における審議結果を踏まえ行われる必要があることから、国の行政機関等と同様に、審査会等への諮問の内容とそれに対する答申の内容を個人情報保護委員会に対して共有することが適当である。」

もっとも、上記内容について、改正個人情報保護法で明文による規定は設けられなかった。仮に、個人情報保護委員会に勧告権限又はそれに準ずる権限を与えるのであれば、同委員会の体制を整備したうえで、その判断や事務手続の遅れにより、請求者の権利利益が侵害されることがないように、勧告ができる期間を答申の内容が個人情報保護委員会に共有されてから2週間以内に限るとするなど、厳格な期間制限を設けるべきである。また、個人情報保護委員会が勧告した内容についても、個人情報保護委員会のホームページ上で遅滞なく公表されるべきである。

なお、最終報告30頁では、「個人情報保護委員会の業務負担上の制約や情報公開・個人情報保護審査会との役割分担を考えると、実際には、個人情報保護委員会が行う勧告の内容は、行政機関等による開示決定等についての一般的な基準の提示が中心となる可能性もあるが、その場合でも、当該基準に沿わない開示決定等が行われるのを防ぐため、個人情報保護委員会は、特に必要と認める場合には、個別の開示決定等の当否についても勧告を行い得るものと整理する必要がある」とされ、また、同31頁では、「情報公開・個人情報保護審査会の『合議の秘密』を確保するため、審査会の各部会において誰が何を主張したかといった意思形成過程に関する情報まで個人情報保護委員会と共有することは、適当ではない」とされている。

(25) 行政機関等匿名加工情報の提供（改正個情法109条～123条）

（改正前：行個法44条の２～44条の16）

ポイント 行政機関等匿名加工情報の提供制度の導入が任意である地方公共団体においては、民間事業者からの需要があるか、需要に適した情報を提供できるかといった観点から導入を検討する必要がある。

ア 総　　論

○匿名加工情報の制度が導入された経緯

平成27年個人情報保護法改正で、個人情報の取扱いよりも緩やかな規律の下、自由な流通・利活用を促進することを目的として、民間部門に匿名加工情報の制度（改正個情法43条～46条）が導入された。これに伴い、行政機関個人情報保護法にも、平成28年に非識別加工情報の提供制度（行個法44条の２～44条の16）が導入され、行政機関、独立行政法人で同制度の運用が開始された。地方公共団体でも、国の非識別加工情報と同様の規定を整備することは可能だが、整備をしたのは、和歌山県、鳥取県及び市区町村９団体にとどまる（「令和元年度地方自治情報管理概要」参照)。なお、後述のように、同制度に基づき提供されたことが確認できている事案は、独立行政法人の事例が１件であり、導入した地方公共団体でも１件に過ぎない。

○概要・改正による変更点

匿名加工情報とは、行政機関等が保有する個人情報について、特定の個人を識別することができないように個人情報を加工し、当該個人情報を復元できないようにした情報である（改正個情法2条6項）（本章1（4）キ（⇒p.63）参照）。

行政機関等匿名加工情報とは、一定の個人情報ファイルを構成する保有個人情報の全部又は一部を加工して得られる匿名加工情報をいう（正確には、改正個情法60条3項参照）（本章1（4）セ（⇒p.75））。

行政機関等は、提案募集を行い、民間事業者からの提案を審査の上、行政機関等匿名加工情報を提供することとされている。

令和3年改正前には、非識別加工情報は個人情報として扱われていたが、令和3年改正で個人情報の定義（改正個情法2条1項）に「容易に」という文言が追加されたことにより、加工後の情報のみを有する者が削除記述等を外部から入手してこれと加工後の情報とを照合することは「容易に可能」ではなく、加工後の情報は個人情報には該当しないと整理されている。このため、公的部門と民間部門とで別の定義を用いる必要はないとされ、名称は匿名加工情報に統一された。

さらに、令和3年改正前は非識別加工情報は個人情報にあたり、行政機関個人情報保護法3条及び8条による規律が及ぶとされていたが、個人情報に該当しないと整理されたことから、匿名加工情報の作成・取得・利用に関する規律が明確化された。

匿名加工情報の制度を設けた趣旨である「個人情報の適正かつ効果的な活用が新たな産業の創出並びに活力ある経済社会及び豊かな国民生活の実現に資するものであることその他の個人情報の有用性に配慮」することは、地方公共団体にも基本的に及ぶとされている。もっとも、実際に匿名加工情報の提供制度が運用された実績が乏しいこともあり、同制度に関する十分な知見を持った人材がいないことから、地方公共団体に同制度を導入した場合に、適切な運用ができるかについては、懸念があり、地方公共団体等についても、匿名加工情報の提供制度について行政機関個人情報保護法と同等の規定を適用しつつ、経過措置として、当分の間、都道府県及び政令指定都市について適用することとし、他の地方公共団体等は任意で提案募集を実施することができるとした（改正個情法附則7条）。

（行政機関等匿名加工情報に関する経過措置）
附則第７条　都道府県及び地方自治法第252条の19第１項の指定都市以外の地方公共団体の機関並びに地方独立行政法人についての第110条及び第111条の規定の適用については、当分の間、第110条中「行政機関の長等は、」とあるのは「行政機関の長等は、次条の規定による募集をしようとする場合であって、」と、第111条中「ものとする」とあるのは「ことができる」とする。

また、地方公共団体等は、個人情報保護委員会に対し、匿名加工情報に係る事務の実施にあたり必要な支援を求めることができることとしている（改正個情法9条）。

2021年6月に個人情報保護委員会が公表した規律の考え方では、国の行政機関及び独立行政法人等に関しては、「改正後の個人情報保護法においても、行政機関等匿名加工情報に関する規律（法第5章第5節）について、現行の行政機関個人情報保護法の相当する規定の解釈運用を原則として踏襲する。地方公共団体の機関及び地方独立行政法人（規律移行法人を含む。）に関しても、国の行政機関及び独立行政法人等と同様の規律が適用されることになるが、改正後の附則第7条の規定により、当分の間は都道府県及び指定都市のみに提案募集を義務付けることとする」としている。

○地方公共団体における注意点

都道府県、政令指定都市は、匿名加工情報の提供制度を導入しなければならないのに対し、それ以外の地方公共団体については、経過措置により、導入は任意とされている。

在り方検討に関する調査結果では、改正個人情報保護法で非識別加工情報について民間事業者から提案を募集して実施する制度を導入することに関する回答について、都道府県では支障ありが8割程度、市区町村では支障ありが5割程度であった。

支障があるとした理由（複数選択可）については、提案募集の実施については地方公共団体の判断に委ねるべき（都道府県の50.0%、市区町村の57.1%）、民間事業者からの提案審査や、第三者に対する意見書提出の機会の付与に関する事務負担に懸念がある（都道府県の86.8%、市区町村の90.3%）となっている。その他の例としては、「各自治体において、提案募集・審査等を行うのは非効率で、民間事業者にも負担が大きい」「技術的な対応能力が十分でなく、負担が大きい」「提案審査の判断基準や加工方法等も国が統一的に示すべき」「民間事業者からニーズを聞いたことがない。需要があるとすれば国レベルの広域的な情報量ではないか」「国による作成、組織設置を含め、全国一体的なものとして制度設計していただきたい」とされている。

非識別加工情報に関し、作成・提供規定がある都道府県は4.3%であり、市区町村では0.5%である（地方自治情報管理概要）。

私見ながら、個人情報保護法上、個人の権利利益保護は、個人情報の有用性についての配慮より優先するとされていること（1条）も念頭におき、地方公共団体における非識別加工情報提供制度の導入の要否やタイミングについては、地方公共団体ごとに民間事業者からの需要の有無と導入により生じる事務作業量などを考慮しながら、十分に時間をかけて検討することが望ましい。

公的部門では、第三者に提供するための要件が民間部門より厳格であるため（改正個情法69条2項4号）、匿名加工情報制度を設ける意義はある。もっとも、平成28年の法改正以後、非識別加工情報が提供された事例はほとんどなく、民間部門における匿名加工情報の利用も、平成

27年改正で導入された当時における想定に比べ、かなり限定されている印象である。特に、地方公共団体の場合には、情報公開制度があること、対象となる住民の範囲が限られていること、各自治体固有の事情があることなどから、どこまで加工すれば匿名加工情報となるかの判断が難しい上に、基準を満たすために高いレベルの加工をした情報について民間事業者からのニーズがあるのかなどの問題がある。詳しくは、コラム「匿名加工情報の利活用について」（⇒p.183）も参照されたい。

イ　行政機関等匿名加工情報の作成・提供及びその手続（改正個情法109条～120条）

（改正前：行個法44条の2～44条の14）

行政機関等匿名加工情報の作成・提供及びその手続については、改正個人情報保護法109条から120条まで規定が置かれている。条文については、事実上手続を文章化したものであり、基本的には下記の図をベースに理解した上で、実施にあたって条文を確認すれば足りる。

制度のイメージ

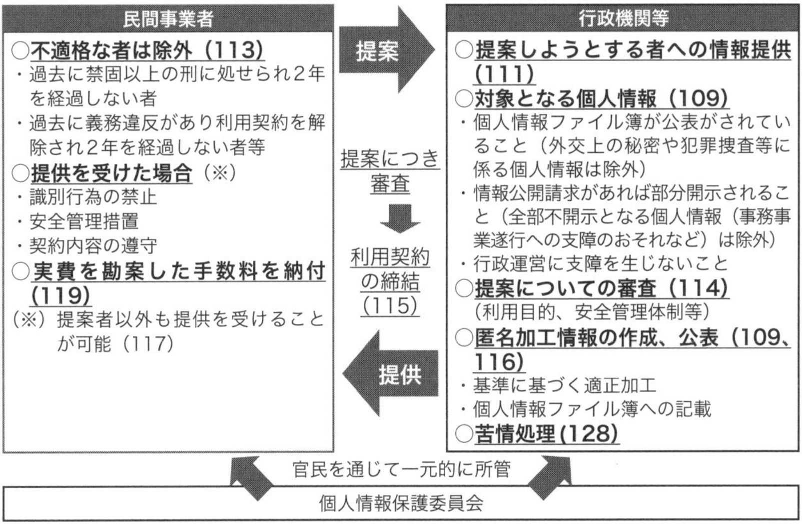

出典：個人情報保護委員会資料を加工

手続の流れ

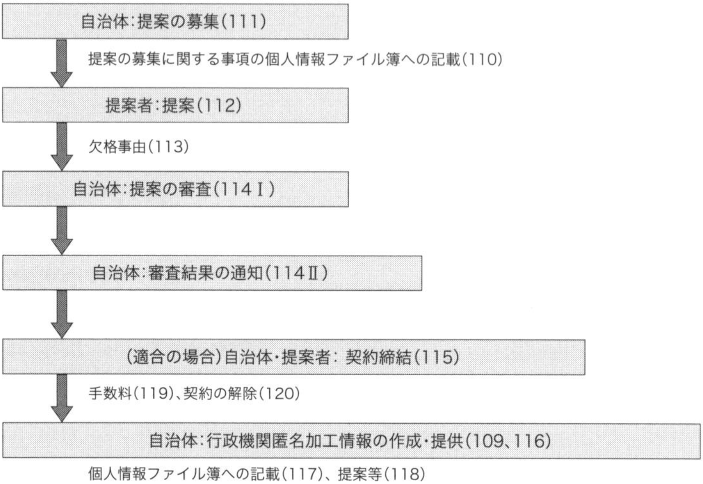

行政機関等匿名加工情報に関する概要として、行政機関等匿名加工情報の作成及び提供等について定めた改正個人情報保護法109条の規定と、行政機関等匿名加工情報の作成等について定める同法116条の規定について説明する。

以下の規定については、必要に応じ、改正個人情報保護法や改正個人情報保護法施行規則53条以下の条文を参照されたい。

・提案の募集に関する事項の個人情報ファイル簿への記載（改正個情法110条）（改正前：行個法44条の3）
・提案の募集（改正個情法111条）（改正前：行個法44条の4）
・行政機関等匿名加工情報をその用に供して行う事業に関する提案（改正個情法112条）（改正前：行個法44条の5）
・欠格事由（改正個情法113条）（改正前：行個法44条の6）
・提案の審査等（改正個情法114条）（改正前：行個法44条の7）
・行政機関等匿名加工情報の利用に関する契約の締結（改正個情法115条）（改正前：行個法44条の9）
・行政機関等匿名加工情報に関する事項の個人情報ファイル簿への

記載（改正個情法117条）（改正前：行個法44条の11）

・作成された行政機関等匿名加工情報をその用に供して行う事業に関する提案等（改正個情法118条）（改正前：行個法44条の12）

・手数料（改正個情法119条）（改正前：行個法44条の13）

・行政機関等匿名加工情報の利用に関する契約の解除（改正個情法120条）（改正前：行個法44条の14）

なお、非識別加工情報の作成・提供に先立ち、一定の場合に、第三者に対して意見書提出の機会を付与することを定めていた、行政機関個人情報保護法44条の8の規律が削除されている。この理由については、匿名加工情報の提供制度は、行政機関等が保有する大量の個人情報を形式的な基準に基づいて定型的に加工し、民間事業者に提供することを企図するものであり、個々の保有個人情報について開示の公益的な必要性を個別に判断したり、当該必要性の判断のため、逐一、第三者の意見を聴取したりすることは、制度の本来的な趣旨にそぐわない側面があるためとされている（最終報告25頁）。

行政機関等匿名加工情報の作成及び提供等（改正個情法109条）（改正前：行個法44条の2）

（行政機関等匿名加工情報の作成及び提供等）

第109条　行政機関の長等は、この節の規定に従い、行政機関等匿名加工情報（行政機関等匿名加工情報ファイルを構成するものに限る。以下この節において同じ。）を作成することができる。

2　行政機関の長等は、次の各号のいずれかに該当する場合を除き、行政機関等匿名加工情報を提供してはならない。

一　法令に基づく場合（この節の規定に従う場合を含む。）

二　保有個人情報を利用目的のために第三者に提供することができる場合において、当該保有個人情報を加工して作成した行政機関等匿名加工情報を当該第三者に提供するとき。

3　第69条の規定にかかわらず、行政機関の長等は、法令に基づく場合を除き、利用目的以外の目的のために削除情報（保有個人情報に該当するものに限る。）を自ら利用し、又は提供してはならない。
4　前項の「削除情報」とは、行政機関等匿名加工情報の作成に用いた保有個人情報から削除した記述等及び個人識別符号をいう。

○概要・改正による変更点

令和3年改正前は、行政機関等による非識別加工情報の作成・提供は、他の個人情報の利用・提供と同様、原則として、利用目的の範囲内でのみ可能であることが前提とされており（行個法8条1項等）、行個法4章の2等が定める提案募集手続は、当該手続に従った非識別加工情報の作成・提供を「法令に基づく場合」として例外的に許容するものと整理されていた。

しかし、令和3年改正で、匿名加工情報について、個人情報ではないと整理されたことにより、匿名加工情報の「提供」については、現行法が非識別加工情報の提供を公平かつ適正に実施するための手続として提案募集から契約締結に至る一連の手続を定めていることを踏まえれば、一元化後においても当該手続に従った提供を原則とすべきであり、行政機関等が匿名加工情報を外部に提供できるのは、基本的に、① 提案募集手続を経て契約を締結した者に提供する場合、② 法令の規定に基づく場合、③ 加工元の個人情報の提供が可能な場合に限られるとするのが適当であるとされた（最終報告24頁）。

行政機関等匿名加工情報の作成等（改正個情法116条）
（改正前：行個法44条の10）

（行政機関等匿名加工情報の作成等）
第116条　行政機関の長等は、行政機関等匿名加工情報を作成するときは、特定の個人を識別することができないように及びその作成に用いる保有個人情報を復元することができないようにするために必要なものとして個人情報保護委員会規則で定める基準に従い、当該保有個人情報を加工しなければならない。

2　前項の規定は、行政機関等から行政機関等匿名加工情報の作成の委託（2以上の段階にわたる委託を含む。）を受けた者が受託した業務を行う場合について準用する。

○概要・改正による変更点

116条1項では、行政機関の長は、行政機関等匿名加工情報（行政機関非識別加工情報ファイルを構成するものに限る。以下同じ。）を作成するときは、特定の個人を識別できないように、かつ、その作成に用いる保有個人情報を復元できないようにするために、個人情報保護委員会規則に定める基準に従って、当該保有個人情報を加工しなければならないとする。

「特定の個人を識別することができない」という要件は、あらゆる手法によって特定することができないよう技術的側面からすべての可能性を排除することまでを求めるものではなく、少なくとも、一般人及び一般的な事業者の能力、手法等を基準として当該情報を行政機関等又は匿名加工情報取扱事業者が通常の方法により特定できないような状態にすることを求めるものである。また、「当該個人情報を復元することができないようにしたもの」とは、通常の方法では、匿名加工情報から匿名加工情報の作成の元となった個人情報に含まれていた特定の個人を識別することとなる記述等又は個人識別符号の内容を特定すること等により、匿名加工情報を個人情報に戻すことができない状態にすることをいう（行政機関非識別加工情報編GL2－1参照）。

改正個人情報保護法施行規則62条では、次のように、行政機関個人情報保護法4章の2の規定による行政機関非識別加工情報の提供に関する規則11条と同様の規定が置かれている。なお、ここに記載されている基準は、民間部門において匿名加工情報を作成する場合における基準と基本的に同じ内容である。

参考　改正個情法施行規則（抜粋）

（行政機関等匿名加工情報の作成の方法に関する基準）

第62条　法第114条第1項の個人情報保護委員会規則で定める基準は、次のとおりとする。

一　保有個人情報に含まれる特定の個人を識別することができる記述等の全部又は一部を削除すること（当該全部又は一部の記述等を復元することのできる規則性を有しない方法により他の記述等に置き換えることを含む。）。

二　保有個人情報に含まれる個人識別符号の全部を削除すること（当該個人識別符号を復元することのできる規則性を有しない方法により他の記述等に置き換えることを含む。）。

三　保有個人情報と当該保有個人情報に措置を講じて得られる情報とを連結する符号（現に行政機関等において取り扱う情報を相互に連結する符号に限る。）を削除すること（当該符号を復元することのできる規則性を有しない方法により当該保有個人情報と当該保有個人情報に措置を講じて得られる情報を連結することができない符号に置き換えることを含む。）。

四　特異な記述等を削除すること（当該特異な記述等を復元することのできる規則性を有しない方法により他の記述等に置き換えることを含む。）。

五　前各号に掲げる措置のほか、保有個人情報に含まれる記述等と当該保有個人情報を含む個人情報ファイルを構成する他の保有個人情報に含まれる記述等との差異その他の当該個人情報ファイルの性質を勘案し、その結果を踏まえて適切な措置を講ずること。

上記規則の内容について、わかりやすく説明すると、次の内容となる。

①　特定の個人を識別することができる記述等（例:氏名）の全部又は一部を削除（置換を含む。以下同じ。）すること

②　個人識別符号（例：マイナンバー、運転免許証番号）の全部を削除すること

③　保有個人情報と当該保有個人情報に措置を講じて得られる情報

とを連結する符号（例:委託先に渡すために分割したデータとひも付けるID）を削除すること

④　特異な記述等（例：年齢116歳）を削除すること

⑤　上記のほか、個人情報とデータベース内の他の個人情報との差異等の性質を勘案し、適切な措置を講ずること

詳しくは、現時点では、個人情報保護委員会が公表している行政機関非識別加工情報編GLを参照されたい。なお、同ガイドラインについても、施行日までに改正されることとなる。

○地方公共団体における注意点

行政機関と地方公共団体では、個人情報を特定の個人を識別することができないように加工し、当該個人情報を復元できないようにするための加工の程度は異なるため、注意が必要である。

ウ　行政機関の長等が行政機関等匿名加工情報を取り扱う場合に遵守すべき義務（改正個情法121条～123条）

（改正前：行個法44条の15・44条の16）

以下では、特に行政機関等匿名加工情報を取り扱う場合に遵守すべき義務について定めた改正個人情報保護法121条から123条について、解説する。

下記のほか、匿名加工行政機関における行政機関等匿名加工情報の取扱いに関する苦情処理の規定（改正個情法128条）（改正前：行個法51条の3）も置かれているので、注意が必要である。

なお、匿名加工情報が民間事業者に提供された場合、当該事業者は、匿名加工情報取扱事業者（改正個情法16条6項）として、識別行為の禁止（同法45条）等の義務が課されることになる。このほか、利用契約（同法115条）を遵守する義務を負う。

識別行為の禁止等（改正個情法121条）

（改正前：行個法44条の15）

（識別行為の禁止等）

第121条 行政機関の長等は、行政機関等匿名加工情報を取り扱うに当たっては、法令に基づく場合を除き、当該行政機関等匿名加工情報の作成に用いられた個人情報に係る本人を識別するために、当該行政機関等匿名加工情報を他の情報と照合してはならない。

2 行政機関の長等は、行政機関等匿名加工情報、第109条第4項に規定する削除情報及び第116条第1項の規定により行った加工の方法に関する情報（以下この条及び次条において「行政機関等匿名加工情報等」という。）の漏えいを防止するために必要なものとして個人情報保護委員会規則で定める基準に従い、行政機関等匿名加工情報等の適切な管理のために必要な措置を講じなければならない。

3 前2項の規定は、行政機関等から行政機関等匿名加工情報等の取扱いの委託（2以上の段階にわたる委託を含む。）を受けた者が受託した業務を行う場合について準用する。

○概要・改正による変更点

匿名加工情報は個人情報には該当しないことを前提として、改正前からある安全管理措置（安全確保措置）義務に加え、民間の匿名加工情報取扱事業者に準じた識別行為禁止義務を新たに課している。

行政機関の長は、行政機関等匿名加工情報を作成したときは、行政機関等匿名加工情報等（行政機関等匿名加工情報、行政機関等匿名加工情報の作成に用いた保有個人情報から削除した記述等及び個人識別符号並びに加工の方法に関する情報をいう。以下同じ。）の漏えいを防止するために、規則で定める基準（改正個情法施行規則67条）に従い、必要な措置を講じなければならない（2項）。

また、行政機関から行政機関等匿名加工情報等の取扱いの委託を受けた者が受託した業務を行う場合、当該受託者にも安全確保の措置を準用する（3項）。当該措置の内容は、対象となる行政機関等匿名加工情報等が漏えいした場合における復元リスクの大きさを考慮し、当該行政機関等匿名加工情報等の量、性質等に応じた内容としなければならないとされている（行政機関非識別加工情報編GL）。

なお、民間部門では、匿名加工情報の安全管理措置については、匿名加工情報の性質上、どのように利用したとしても個人情報に復元されない限り本人に影響の及ばないものであるため、努力義務とされているが（改正個情法46条）、公的部門では行政機関個人情報保護法44条の15で通常の義務が課されていたことを重視し、努力義務ではなく、通常の義務としたものである。

従事者の義務（改正個情法122条）

（改正前：行個法44条の16）

（従事者の義務）

第122条　行政機関等匿名加工情報等の取扱いに従事する行政機関等の職員若しくは職員であった者、前条第3項の委託を受けた業務に従事している者若しくは従事していた者又は行政機関等において行政機関等匿名加工情報等の取扱いに従事している派遣労働者若しくは従事していた派遣労働者は、その業務に関して知り得た行政機関等匿名加工情報等の内容をみだりに他人に知らせ、又は不当な目的に利用してはならない。

○概要・改正による変更点

行政機関等匿名加工情報等の一部は個人情報に該当するため、これが漏えいし、悪用されれば、行政機関による情報の取扱いに対する国民の信頼を損なうおそれがあるため、従事者の義務に関する規定が置かれている。

匿名加工情報の取扱いに係る義務（改正個情法123条）

（新設）

（匿名加工情報の取扱いに係る義務）

第123条 行政機関等は、匿名加工情報（行政機関等匿名加工情報を除く。以下この条において同じ。）を第三者に提供するときは、法令に基づく場合を除き、個人情報保護委員会規則で定めるところにより、あらかじめ、第三者に提供される匿名加工情報に含まれる個人に関する情報の項目及びその提供の方法について公表するとともに、当該第三者に対して、当該提供に係る情報が匿名加工情報である旨を明示しなければならない。

2 行政機関等は、匿名加工情報を取り扱うに当たっては、法令に基づく場合を除き、当該匿名加工情報の作成に用いられた個人情報に係る本人を識別するために、当該個人情報から削除された記述等若しくは個人識別符号若しくは第43条第1項の規定により行われた加工の方法に関する情報を取得し、又は当該匿名加工情報を他の情報と照合してはならない。

3 行政機関等は、匿名加工情報の漏えいを防止するために必要なものとして個人情報保護委員会規則で定める基準に従い、匿名加工情報の適切な管理のために必要な措置を講じなければならない。

4 前2項の規定は、行政機関等から匿名加工情報の取扱いの委託（2以上の段階にわたる委託を含む。）を受けた者が受託した業務を行う場合について準用する。

○概要・改正による変更点

行政機関等が、行政機関等匿名加工情報を除く匿名加工情報を取り扱う場合における義務を記載したものである。

行政機関個人情報保護法では、行政機関等は、自らが取得した非識別加工情報と当該非識別加工情報を作成した民間事業者等が保有する削除記述等を照合可能であることや、非識別加工情報は当該行政機関等においては個人情報に該当し、個人情報の管理についての規律（行個法6条等）が適用されることから、行政機関等が民間事業者等から非識別加工情報を取得した場合の安全管理措置や識別行為禁止については規定を置いていなかった（最終報告22頁）。

しかし、令和3年改正で、公的部門でも匿名加工情報が個人情報でないと整理されたため、民間の匿名加工情報取扱事業者に準じた識別行為禁止義務及び安全管理措置義務を課されることとなった。

コラム

匿名加工情報の利活用について

匿名加工情報の利活用について、提供事案の実績、匿名加工情報自体の問題、地方公共団体特有の問題という観点から私見を述べたい。

1　提供事案の実績

2021年5月時点で、平成28年改正法が施行されてから、行政機関非識別加工情報の提供制度に基づく提供事案は1件もなく、独立行政法人等非識別加工情報の提供制度に基づく提供事案が1件あるのみである。この1件は、2019年に、住宅金融支援機構が保有する個人の年収や借入額を含む100万件以上の情報が匿名加工されて、住信SBIネット銀行に提供されたものであり、同銀行は幅広い顧客層に安価で良質な住宅ローンを提供するために、AI審査モデルの構築に活用するとしている。

また、地方公共団体では、和歌山、鳥取両県、愛媛県伊方町、宮崎県川南町、五ヶ瀬町、千葉県市川市、熊本県玉東町、栃木県矢板市での導入が確認されている。このうち、市川市では、2020年、市内の介護サービス利用者1万3,000人分の介護度などの情報を匿名加工したものを株式会社エクサウィザーズに提供し、同社では、介護費、医療費及び要介護度を予測するために利用するとしている（上記について、「どう使う？行政の匿名個人情報 デジタル法案で対象拡大」朝日新聞デジタル2021年5月12日6時30分記事参照）。

非識別加工情報の提供制度については、あまり活用が進んでいないという印象を受ける。

2　匿名加工情報自体の問題

このように、非識別加工情報の提供制度について、提供が進んでいないことについては、そもそも民間部門で匿名加工情報の利用が限定的であることも影響していると考えられる。

民間部門でも、平成27年の法改正当初に想定されていたよりは匿名加工情報の利用が進んでいない印象である。その原因としては、次の①から④の結果、実際に匿名加工情報を利用する需要があるのは、基本的に、過去に取得済みのデータについて、第三者に個人を識別可能なレベルで提供する場合に限られることにある。

① 識別行為が禁止されているため、提供先で紐づけることができず、ターゲティングのために利用できないなど用途が限定されること

② どこまで加工すればよいかに高度な判断が必要であるため、提供元で専門の事業者に依頼する必要があり、時間・費用面でのコスト負担が生じること

③ ①、②の結果、これからサービスインする場合には、本人の同意を得てオリジナルデータのまま提供する方が、提供元、提供先ともにメリットがあること

④ そもそも提供先での情報利用が、個人情報保護法の適用対象外である統計情報レベルで足りる場合があること

3 地方公共団体特有の問題

地方公共団体の場合、第三者提供できる場合が非常に限定されているため(改正個情法69条2項3号・4号)、匿名加工情報制度を用いないと利用ができない場合があり、制度自体は有益といえる。もっとも、地方公共団体では、以下で説明するように、加工の程度が民間部門に比べて高くならざるをえず、民間の需要に合うデータを提供できるかが問題になる。

すなわち、匿名加工情報にするには、個人情報を特定の個人を識別することができないように加工し、当該個人情報を復元できないようにする必要があるところ、当然ながら、行政機関、都道府県、市町村、民間部門では、それぞれ必要な加工の程度が異なってくる。個別にどこまで加工すればよいかは、情報の対象となる人口規模や情報の性質、公開情報としてどのようなものがあるかなどに基づく、高度な判断が必要となる。

地方公共団体では行政機関に比べ、対象となる住民数が限定され、特定の個人を識別できるリスクが高いため、加工の程度を高くして、データの内容を抽象化せざるを得ない。また、情報公開制度との関係で、特定されるリスクも高まる。

さらに、これまでの提供事例を考えると、民間からのニーズがあるのは受領したデータをAIで分析をする場合であり、そのことを前提に加工をする必要がある。受領者側で識別する意図がなくとも、分析するうちに、識別しているのと同じ効果が生じる可能性がある。そもそも、受領者が他の情報と紐づける

と、事実上識別行為となる可能性があるため、他の情報と合わせて分析することを禁じるなどの配慮が望ましいが、利用価値はさらに低くなる。

地方公共団体で、このような加工をして、抽象化されたデータに需要があるかを判断するにあたっては、十分に検討が必要である。

4 まとめ

本文で述べたように、匿名加工情報の提供制度は行政機関等の情報を民間事業者に提供することができる限られた手段であるが、上記1から3からすると、非識別加工情報から匿名加工情報に名称が変更されても、急に提供事案が増えるという事情はないと考えられる。利活用を進めるのであれば、統計処理した情報の公開を進める方法や住民に利活用の用途について十分に説明し、本人から有効な同意を取得して提供を進める方法によること（改正個情法69条2項1号）が望ましい。

(26) 雑則（改正個情法５章６節）

ア　適用除外等（改正個情法124条）

（改正前：行個法45条）

（適用除外等）

第124条　第４節の規定は、刑事事件若しくは少年の保護事件に係る裁判、検察官、検察事務官若しくは司法警察職員が行う処分、刑若しくは保護処分の執行、更生緊急保護又は恩赦に係る保有個人情報（当該裁判、処分若しくは執行を受けた者、更生緊急保護の申出をした者又は恩赦の上申があった者に係るものに限る。）については、適用しない。

2　保有個人情報（行政機関情報公開法第５条、独立行政法人等情報公開法第５条又は情報公開条例に規定する不開示情報を専ら記録する行政文書等に記録されているものに限る。）のうち、まだ分類その他の整理が行われていないもので、同一の利用目的に係るものが著しく大量にあるためその中から特定の保有個人情報を検索することが著しく困難であるものは、第４節（第４款を除く。）の規定の適用については、行政機関等に保有されていないものとみなす。

○概要・改正による変更点

刑の執行等に係る保有個人情報について、5章4節の規定（開示、訂正及び利用停止）の適用除外とすること、検索することが著しく困難である保有個人情報について保有されていないこととみなすことを定めている。

本条1項の趣旨は、開示請求等の対象に、刑事事件に係る裁判や刑の執行等に係る保有個人情報に含まれ個人の前科、逮捕歴、拘留歴等を示す情報が含まれるとすると、前科等が明らかになる危険性が生じるなど、逮捕留置者、被疑者、被告人、受刑者等の立場で留置所や監獄に収容されたことがある者等の社会復帰や更生保護上問題になることにあるとされている。

本条2項の趣旨は、行政機関においては、同一の利用目的に係る定型的な保有個人情報を分類・整理しないまま著しく大量に保有している例があり、仮に開示請求がされても、対象となる保有個人情報を検索することが現実的には困難な状態にある場合があることとされている。2項の行政文書等は、将来整理されることが予定されており、整理された段階で5章4節の規定が適用されることになる。

なお、行政機関等が保有する保有個人情報を記録した行政文書のうち、独自の完結した体系的な開示等の制度が整備されているものに記録されている保有個人情報については、各個別法で規定をおくことで、個人情報保護法の開示、訂正及び利用停止請求に関する規定の適用が除外されている。例としては、①不動産登記法に基づく登記簿や附属書類、②戸籍法に基づく戸籍や除かれた戸籍の副本、③漁業法に基づく免許漁業原簿、④特許法に基づく特許に関する書類、⑤道路運送車両法に基づく自動車登録ファイルがある。

また、統計法や地方公共団体の統計調査条例に基づく統計調査により集められる個人情報についても、集計後は統計処理されることにより、個人を識別できない形で利用、提供されるとともに、個人情報の取扱いに必要な制度上の規律が既に整備されていることなどから、個人情報保護法5章の適用が除外されている。

イ　適用の特例（改正個情法125条）

（新設）

（適用の特例）

第125条　第58条第2項各号に掲げる者が行う当該各号に定める業務における個人情報、仮名加工情報又は個人関連情報の取扱いについては、この章（第1節、第66条第2項（第4号及び第5号（同項第4号に係る部分に限る。）に係る部分に限る。）において準用する同条第1項、第75条、前2節、前条第2項及び第127条を除く。）の規定、第176条及び第180条の規定（これらの規定のうち第66条第2項第4号及び第5号（同項第4号に係る部分に限る。）に定める業務に係る部分を除く。）並びに第181条の規定は、適用しない。

2　第58条第1項各号に掲げる者による個人情報又は匿名加工情報の取扱いについては、同項第1号に掲げる者を独立行政法人等と、同項第2号に掲げる者を地方独立行政法人と、それぞれみなして、第1節、第75条、前2節、前条第2項、第127条及び次章から第8章まで（第176条、第180条及び第181条を除く。）の規定を適用する。

3　第58条第1項各号及び第2項各号に掲げる者（同項各号に定める業務を行う場合に限る。）についての第98条の規定の適用については、同条第1項第1号中「第61条第2項の規定に違反して保有されているとき、第63条の規定に違反して取り扱われているとき、第64条の規定に違反して取得されたものであるとき、又は第69条第1項及び第2項の規定に違反して利用されているとき」とあるのは「第18条若しくは第19条の規定に違反して取り扱われているとき、又は第20条の規定に違反して取得されたものであるとき」と、同項第2号中「第69条第1項及び第2項又は第71条第1項」とあるのは「第27条第1項又は第28条」とする。

○概要・改正による変更点

独立行政法人等のうち、民間に類する立場で民間のカウンターパートとの間でデータを利用した共同作業を継続的に行うもの等について、原則として民間部門と同じ規律を適用することとしたこと（医療分野・学術分野における規制の統一）に関連し、新たに置かれた規定である。改正個人情報保護法58条では、民間部門の規律のうち、32条から39条まで（保有個人データに関する事項の公表等、開示、訂正、利用停止等）及び4節（匿名加工情報取扱事業者等の義務）の規定は適用せず、公的部門の規律を適用することとしている。

このような取扱いとなった理由については、最終報告11頁で、「現行の行政機関個人情報保護法の前身である行政機関電算処理個人情報保護法の時代には、同法に基づく本人開示等請求の対象は個人情報ファイルに記録された『処理情報』に限られていたため、いわゆる散在情報の本人開示について、『制度の谷間』が生じていた。これを解決するため、現行の行政機関個人情報保護法は、本人開示等請求の対象を散在情報を含む『保有個人情報』に拡大した経緯がある。民間部門の本人開示等請求権の対象は、散在情報を含まない『保有個人データ』であるため、仮に本人開示等請求に係る規律まで民間部門と同じにすると、再び『制度の谷間』が生じることになる」と説明されている。

ウ　権限又は事務の委任（改正個情法126条）

（改正前：行個法46条）

（権限又は事務の委任）

第126条　行政機関の長は、政令（内閣の所轄の下に置かれる機関及び会計検査院にあっては、当該機関の命令）で定めるところにより、第2節から前節まで（第74条及び第4節第4款を除く。）に定める権限又は事務を当該行政機関の職員に委任することができる。

行政機関のみに課されており、地方公共団体には課されていないため、内容の説明は割愛する。

エ　開示請求等をしようとする者に対する情報の提供等（改正個情法127条）

（改正前：行個法47条・51条の2）

（開示請求等をしようとする者に対する情報の提供等）
第127条　行政機関の長等は、開示請求、訂正請求若しくは利用停止請求又は第112条第1項若しくは第118条第1項の提案（以下この条において「開示請求等」という。）をしようとする者がそれぞれ容易かつ的確に開示請求等をすることができるよう、当該行政機関の長等の属する行政機関等が保有する保有個人情報の特定又は当該提案に資する情報の提供その他開示請求等をしようとする者の利便を考慮した適切な措置を講ずるものとする。

○概要・改正による変更点

開示請求の手続につき、改正個人情報保護法77条では、開示請求者は、行政機関等の長に対し、「開示請求に係る保有個人情報が記録されている行政文書の名称その他の開示請求に係る保有個人情報を特定するに足りる事項」を記載した開示請求書を提出することとされている。このほか、訂正請求（改正個情法91条）、利用停止請求（改正個情法99条）、行政機関等匿名加工情報関する提案（改正個情法112条・118条）でも、行政文書の名称等の情報を記載することが求められている。

しかし、一般人にとって、対象となる情報が、行政機関等においてどういう形で記録されているかを知ることは容易ではない。このため、本条では、開示請求等を行う者が、容易かつ的確に保有個人情報を特定することができるようにするため、行政機関の長等に対し、対象となる保有個人情報等を具体的に特定するのに役立つ情報の提供を行うべき旨を定めている。

オ　行政機関等における個人情報等の取扱いに関する苦情処理（改正個情法128条）

（改正前：行個法48条・51条の3）

（行政機関等における個人情報等の取扱いに関する苦情処理）
第128条　行政機関の長等は、行政機関等における個人情報、仮名加工情報又は匿名加工情報の取扱いに関する苦情の適切かつ迅速な処理に努めなければならない。

○概要・改正による変更点

行政機関等に寄せられる個人情報等の取扱いに関する苦情については、行政機関等による苦情処理によって、簡易迅速な解決を図ることが適当なものが多く含まれる。また、行政機関等にとっても、国民、住民からの信頼を確保するためには、苦情について誠実かつ迅速に対応することが重要である。このため、行政機関の長等が、苦情の適切かつ迅速な処理に努めなければならないことを明文化した。

○地方公共団体における注意点

都道府県の93.6%、市町村の84.0%が、苦情処理について規定を設けている。また、苦情処理対応を行う機関については、基本的に各局等の部局が行うとしている場合（都道府県の87.2%、市町村の56.9%）や個人情報保護条例所管部局としている場合（都道府県の57.4%、市町村の34.6%）が多いが、窓口を特に指定していない場合もある（都道府県の8.5%、市町村の25.6%）。市町村では、コールセンター等に委託している例もある（市町村のうち、0.2%）（実態調査結果資料編）。

仮に苦情処理の規定がない場合でも、これまでも行政機関等において対応をしているはずであり、たらいまわしとならないようにも、対応する部署を明確に定めておく必要がある。

カ　地方公共団体に置く審議会等への諮問（改正個情法129条）

（新設）

（地方公共団体に置く審議会等への諮問）

第129条　地方公共団体の機関は、条例で定めるところにより、第3章第3節の施策を講ずる場合その他の場合において、個人情報の適正な取扱いを確保するため専門的な知見に基づく意見を聴くことが特に必要であると認めるときは、審議会その他の合議制の機関に諮問することができる。

ポイント　審議会等への諮問は、「個人情報の適正な取扱いを確保するため専門的な知見に基づく意見を聴くことが特に必要であると認めるとき」に限定されることとなる。

○概要・改正による変更点

地方公共団体では、個人情報保護制度に関する審議会等が置かれていることが多く、その役割は、個人情報保護制度に関する基本的事項・重要事項に対して意見を述べることや、条例の個別の事案についての運用に関し意見を述べることを始めとして多岐にわたる。

在り方検討に関する調査結果における、審議会等への諮問（5　個人情報の目的外利用・提供について②）や、審議会等の機能（11　審議会等について）によると、次のような実態がある。

・審議会への諮問

「目的外利用・提供の可否を判断する場合に、審議会等に意見を聴いているか」

審議会に「全て意見を聴いている」又は「一部意見を聴いている」と回答したのは、都道府県の83%、市区町村の74%である。

・審議会等の機能

①　個人情報保護制度の運用一般に関する調査を行い、制度の立案・

改善等に関し意見を述べること（都道府県85.1%、市区町村42.6%）

② 条例の個別の事案についての運用に関し意見を述べること（要配慮個人情報の取得、目的外利用・提供、オンライン結合制限、苦情処理等）（都道府県87.2%、市区町村72.9%）

③ 開示等の決定に対する審査請求について、実施機関の諮問に対し答申を行うこと（都道府県100%、市区町村90.2%）

④ その他の例

・非識別加工情報の取扱いについて調査審議し、建議すること
・事業者の個人情報の取扱いに対する是正勧告等に関する意見具申
・情報公開制度に関する重要な事項
・公文書開示決定等に対する審査請求
・住民基本台帳法の規定により、諮問に応じ調査審議
・特定個人情報保護評価に関する調査審議

令和3年改正では、地方公共団体が、審議会その他の合議制の機関に諮問することができる場面を個人情報の適正な取扱いを確保するため専門的な知見に基づく意見を聴くことが特に必要であると認めるときに限定した。条文の「第3章第3節の施策」とは、地方公共団体の施策（改正個情法12条～14条）を指す。

最終報告40頁では、次のように記載されている。

「現在、多くの地方公共団体の条例においては、個別の個人情報の取扱いの判断に際して、地方自治法第138条の4第3項に規定する附属機関である審議会等の意見を聴くこととしているが、法制化後は、法律による共通ルールについて国がガイドライン等を示し、地方公共団体等はこれに基づきあらかじめ定型的な事例について運用ルールを決めておくことにより、個別の個人情報の取扱いの判断に際して審議会等に意見を聴く必要性は大きく減少するものと考えられる。

他方、条例で、審議会等の役割として、個人情報保護制度の運用に

ついての調査審議やその在り方についての意見具申の役割を規定している例も多く見られるが、このような役割は今後も求められるものであり、今後、審議会等の役割は、上記のような個別の個人情報の取扱いの判断に際して諮問を受けるものから、定型的な事例についての事前の運用ルールの検討も含めた地方公共団体等における個人情報保護制度の運用やその在り方についての調査審議に重点が移行していくことになるものと考えられる。」
国会審議の答弁では、「第129条は、改正後は、国が策定するガイドラインや個人情報保護委員会の助言等により、個別の個人情報の取扱いの判断に際して審議会等に諮問する必要性は大きく減少すると考えられることを踏まえ、審議会等への諮問は特に必要な場合に限って行われるべきことを定めるもの」とされている（第204回通常国会参議院内閣委員会会議録13号〔令和3年4月20日〕[平井卓也大臣答弁]）。

規律の考え方（これまでに地方公共団体から問合せを受けた事項についての考え方）では、「改正後の個人情報保護法においては、個人情報の適正な取扱いを確保するため専門的な知見に基づく意見を聴くことが『特に必要である』場合に限って、審議会等に諮問することができることとしており、個人情報の取得、利用、提供、オンライン結合等について、類型的に審議会等への諮問を要件とする条例を定めることは、今回の法改正の趣旨に照らして許容されない」としている。

○地方公共団体における注意点

審議会への諮問については、個人情報の適正な取扱いを確保するため専門的な知見に基づく意見を聴くことが「特に必要である」場合に限定される。私見ながら、地方公共団体が「特に必要である」と判断する場合に、定型的な事例についての事前の運用ルールの検討も含めた地方公共団体等における個人情報保護制度の運用やその在り方についての事前調査をすること等は許容されるであろう。

なお、在り方検討に関する調査結果（5　個人情報の目的外利用・提供について②）では、目的外利用・提供の可否を判断する場合に「国のガイドライン等で具体的な判断基準が示されたとしても、審議会の意見を聴く必要があるか」という質問について、審議会等の意見を聴くこととしている団体のうち、必要があるとしたのは、都道府県の46%、市区町村の22%である。必要があるとした主な理由としては、①ガイドラインはあくまで助言であり、法的安定性や正確性に不安が残る、②具体的な基準が示されたとしても判断が難しい場合や、県独自の事務など判断基準が示されていない分野が生じた場合、可否を判断することが困難、③審議会の意見を聴くことにより、情報取扱いの可否の判断の客観性を担保していることがあげられている。

私見ながら、公的部門ガイドライン等を含む個人情報保護委員会からの助言は行政による解釈に過ぎず、個別事例が問題となった場合に最終的な司法判断をする裁判所を拘束するものではないため、運用レベルで個人の権利利益を保護し、法的安定性を重視する観点からは、従来のように審議会に諮問する制度にも利点があったと評価できる。

キ　政令への委任（改正個情法175条）

（改正前：個情法81条、行個法52条）

（政令への委任）
第175条　この法律に定めるもののほか、この法律の実施のため必要な事項は、政令で定める。

概要・改正による変更点

具体的な個人情報保護法の委任事項のほかに、同法の実施のため必要な事項について、政令で定めることとしたものである。行政機関個人情報保護法施行令では、開示請求書への記載事項（13条）や保有個人情報の開示に関する写しの送付の求め（22条）が定められていた。

ク　本人の同意等に関する経過措置（デジタル社会形成整備法附則９条）

（第51条の規定の施行に伴う経過措置）

（デジタル社会形成整備法）附則第９条　第51条施行日前に特定地方独立行政法人等（第51条改正後個人情報保護法第58条第１項第２号に掲げる者又は同条第２項の規定により第51条改正後個人情報保護法第16条第２項に規定する個人情報取扱事業者、同条第５項に規定する仮名加工情報取扱事業者若しくは同条第７項に規定する個人関連情報取扱事業者とみなされる第51条改正後個人情報保護法第58条第２項第１号に掲げる者をいう。以下この条において同じ。）に対しされた本人の個人情報の取扱いに関する同意がある場合において、その同意が第51条改正後個人情報保護法第17条第１項の規定により特定される利用目的以外の目的で個人情報を取り扱うことを認める旨の同意に相当するものであるときは、第51条施行日において第51条改正後個人情報保護法第18条第１項又は第２項の同意があったものとみなす。

２　第51条施行日前に特定地方独立行政法人等に対しされた本人の個人情報の取扱いに関する同意がある場合において、その同意が第51条改正後個人情報保護法第27条第１項の規定による個人データの第三者への提供を認める旨の同意に相当するものであるときは、第51条施行日において同項の同意があったものとみなす。

３　第51条改正後個人情報保護法第27条第２項の規定により個人データを第三者に提供しようとする特定地方独立行政法人等は、第51条施行日前においても、個人情報保護委員会規則で定めるところにより、同項各号に掲げる事項に相当する事項について、本人に通知するとともに、個人情報保護委員会に届け出ることができる。この場合において、当該通知及び届出は、第51条施行日以後は、同項の規定による通知及び届出とみなす。

４　第51条改正後個人情報保護法第27条第５項第３号の規定により本人に通知し、又は本人が容易に知り得る状態に置かなければならない事項に相当する事項について、第51条施行日前に、特定地方独立行政法人等により本人に通知されているときは、当該通知は、第51条施行日以後は、同号の規定による通知とみなす。

5　第51条施行日前に特定地方独立行政法人等に対しされた本人の個人情報の取扱いに関する同意がある場合において、その同意が第51条改正後個人情報保護法第28条第1項の規定による個人データの外国にある第三者への提供を認める旨の同意に相当するものであるときは、第51条施行日において同項の同意があったものとみなす。

6　第51条改正後個人情報保護法第28条第2項の規定は、特定地方独立行政法人等が第51条施行日以後に第51条改正後個人情報保護法第28条第1項の規定により本人の同意を得る場合について適用する。

7　第51条改正後個人情報保護法第28条第3項の規定は、特定地方独立行政法人等が第51条施行日以後に個人データを同項に規定する外国にある第三者に提供した場合について適用する。

8　第51条施行日前に特定地方独立行政法人等に対しされた本人の個人関連情報の取扱いに関する同意がある場合において、その同意が第51条改正後個人情報保護法第31条第1項第1号の規定による個人関連情報の第三者への提供を認める旨の同意に相当するものであるときは、第51条施行日において同号の同意があったものとみなす。

9　第51条改正後個人情報保護法第31条第2項において読み替えて準用する第51条改正後個人情報保護法第28条第3項の規定は、特定地方独立行政法人等が第51条施行日以後に個人関連情報を同項に規定する外国にある第三者に提供した場合について適用する。

10　第51条施行日前に第51条改正後個人情報保護法第2条第11項第2号又は第4号に掲げる者（第51条改正後個人情報保護法第58条第2項の規定により第51条改正後個人情報保護法第16条第2項に規定する個人情報取扱事業者とみなされる第51条改正後個人情報保護法第58条第2項第1号に掲げる者を除く。以下この条において同じ。）に対しされた本人の個人情報の取扱いに関する同意がある場合において、その同意が第51条改正後個人情報保護法第61条第1項の規定により特定される利用目的以外の目的のために保有個人情報を自ら利用し、又は提供することを認める旨の同意に相当するものであるときは、第51条施行日において第51条改正後個人情報保護法第69条第2項第1号の同意があったものとみなす。

11　第51条施行日前に第51条改正後個人情報保護法第2条第11項第2号又は第4号に掲げる者に対しされた本人の個人情報の取扱い

に関する同意がある場合において、その同意が第51条改正後個人情報保護法第71条第1項の規定による保有個人情報の外国にある第三者への提供を認める旨の同意に相当するものであるときは、第51条施行日において同項の同意があったものとみなす。

12　第51条改正後個人情報保護法第71条第2項の規定は、第51条改正後個人情報保護法第2条第11項第2号又は第4号に掲げる者が第51条施行日以後に第51条改正後個人情報保護法第71条第1項の規定により本人の同意を得る場合について適用する。

13　第51条改正後個人情報保護法第71条第3項の規定は、第51条改正後個人情報保護法第2条第11項第2号又は第4号に掲げる者が第51条施行日以後に保有個人情報を第51条改正後個人情報保護法第71条第3項に規定する外国にある第三者に提供した場合について適用する。

○概要・改正による変更点

本人の同意等に関する経過措置に関する規定である。改正個人情報保護法の施行前に本人の同意を取得した場合等についての条項の適用関係を明確化している。

本条10項から13項は、地方公共団体の機関（議会を除く）（詳細は、改正個情法2条11項2号参照）又は地方独立行政法人（詳細は、同項4号参照）に関する規定である。

本条1項から9項は、特定地方独立行政法人等（正確には本条1項の文言参照）に関する規定である。

(27) 罰則（改正個情法8章）

ア 総　　論

改正個人情報保護法では、地方公共団体の職員にも適用される形で、罰則が定められている。代表的な規定である、176条、180条の趣旨は、個人の秘密を含む個人情報の保有は、行政機関等による適正な行政の遂行、個人に対する的確な行政サービスの提供にとって不可欠なものであるところ、個人情報の漏えいや自己又は第三者の利益のための不正利用が行われると、個人の権利利益侵害の危険性を一層増大させるだけでなく、国民の行政機関における個人情報の取扱いに対する信頼を著しく損なわせ、ひいては適正かつ円滑な行政の遂行に重大な支障を生じさせることにある（行個法の解説199頁・203頁参照）。

罰則に関する176条、180条、181条の規定は類似しているが、それぞれの規定の違いをまとめると、次のとおりである。

罰則の相違点

	主体	対象情報	行為	法定刑
176条	①行政機関等の職員若しくは職員であった者、②委託を受けた業務に従事している者若しくは従事していた者（※）、③行政機関等において個人情報、仮名加工情報若しくは匿名加工情報の取扱いに従事している派遣労働者若しくは従事していた派遣労働者	個人の秘密に属する事項が記録された60条2項1号に係る個人情報ファイル（その全部又は一部を複製し、又は加工したものを含む。）	正当な理由がないのに提供	2年以下の懲役又は100万円以下の罰金
180条	同上	業務に関して知り得た保有個人情報	不正な利益を図る目的で提供又は盗用	1年以下の懲役又は50万円以下の罰金
181条	行政機関等の職員	個人の秘密に属する事項が記録された文書、図画又は電磁的記録	職権を濫用して専らその職務の用以外の用に供する目的で収集	1年以下の懲役又は50万円以下の罰金

※正確な表現は、176条参照。

出典：総務省「よくある質問とその回答」掲載の図を加工

以下、各条の説明をする。なお、イからカの表題は、条文の引用ではなく、筆者が整理のために内容を示すものとして記載したものであることを念のため付言する。

○地方公共団体における注意点

当該地方公共団体職員に対する罰則規定は、すべての都道府県（100.0%）、市区町村の75.5%で置かれている。また、都道府県の

63.8%、市区町村の45.1%で受託業者に対する罰則について規定されている（地方自治情報管理概要）。

デジタル社会形成整備法附則には、同法51条（地方公共団体が対象に加わることによる変更）と条例との関係、罰則に関する経過措置に関し、次の規定が置かれている。

参考　デジタル社会形成整備法（抜粋）

（第51条と条例との関係）
附則第10条　地方公共団体の条例の規定で、第51条改正後個人情報保護法で規制する行為を処罰する旨を定めているものの当該行為に係る部分については、第51条の規定の施行と同時に、その効力を失うものとする。
2 前項の規定により条例の規定がその効力を失う場合において、当該地方公共団体が条例で別段の定めをしないときは、その失効前にした違反行為の処罰については、その失効後も、なお従前の例による。

（罰則に関する経過措置）
附則第71条　この法律（附則第1条各号に掲げる規定にあっては、当該規定。以下この条において同じ。）の施行前にした行為及びこの附則の規定によりなお従前の例によることとされる場合におけるこの法律の施行後にした行為に対する罰則の適用については、なお従前の例による。

上記附則10条1項により、改正個人情報保護法と条例とで重複して処罰されることはないこととなる。

イ　個人情報ファイルの提供（改正個情法176条）

（改正前：行個法53条）

第176条　行政機関等の職員若しくは職員であった者、第66条第2項各号に定める業務若しくは第73条第5項若しくは第121条第3項の委託を受けた業務に従事している者若しくは従事していた者又は行政機関等において個人情報、仮名加工情報若しくは匿名加工情報の取扱いに従事している派遣労働者若しくは従事していた派遣労働者が、正当な理由がないのに、個人の秘密に属する事項が記録された第60第2項第1号に係る個人情報ファイル（その全部又は一部を複製し、又は加工したものを含む。）を提供したときは、2年以下の懲役又は100万円以下の罰金に処する。

○概要・改正による変更点

「個人の秘密」とは、個人に関する一般に知られていない事実であって、他に知られないことについて相当の利益を有するものをいう。

「提供」とは、電算処理ファイルを電算処理可能な形で第三者が利用できる状態に置くことをいう。

量刑については、個人の秘密が記録された個人情報ファイルの漏えいによる被害の甚大性等に鑑み、国家公務員法の守秘義務違反の罪（国家公務員法109条：1年以下の懲役又は3万以下の罰金）を加重したものである（総務省「よくある質問とその回答」参照）。

ウ　保有個人情報の提供（改正個情法180条）

（改正前：行個法54条）

第180条　第176条に規定する者が、その業務に関して知り得た保有個人情報を自己若しくは第三者の不正な利益を図る目的で提供し、又は盗用したときは、1年以下の懲役又は50万円以下の罰金に処する。

○概要・改正による変更点

提供対象となる保有個人情報は、個人の秘密に関するものであることを要せず、また、電子計算機処理されていることも要しない。

量刑に関し、180条及び181条の法定刑は、秘密の漏示・盗用に係る罰則（1年以下の懲役又は50万円以下の罰金が最も多い）や信書開封罪（刑法133条：1年以下の懲役又は20万円以下の罰金）を参考に、1年以下の懲役又は50万円以下の罰金とされた（総務省「よくある質問とその回答」参照）。

エ　職権濫用による個人の秘密に係る個人情報の収集（改正個情法181条）

（改正前：行個法55条）

第181条　行政機関等の職員がその職権を濫用して、専らその職務の用以外の用に供する目的で個人の秘密に属する事項が記録された文書、図画又は電磁的記録を収集したときは、1年以下の懲役又は50万円以下の罰金に処する。

○概要・改正による変更点

行政機関等による個人情報、特に個人の秘密に係る個人情報の収集には、個人情報が行政の遂行に利用されることに対する国民からの信頼が必要である。しかし、行政機関等の職員がその職権を濫用し、職務以外の目的で個人の秘密を含む個人情報を収集する行為は、個人の秘密を侵すものであるのみならず、国民の信頼を損ない、ひいては行政の適正かつ円滑な運営を損なうこととなる（行個法の解説205頁参照）。

「収集」とは、文書等を集める意思を持って進んで集める行為をいい、文書等を自己の所持に移すことが必要で、単に見ることはこれに当たらない（総務省「よくある質問とその回答」参照）。

オ　国外犯（改正個情法183条）

（改正前：行個法56条）

第183条　第176条、第177条及び第179条から第181条までの規定は、日本国外においてこれらの条の罪を犯した者にも適用する。

○概要・改正による変更点

刑罰の適用範囲は、日本国内において罪を犯したすべての者に適用されるのが原則である（刑法1条及び8条・属地主義）が、対象とする罰則については、国外犯を処罰することとしたものである（行個法の解説208頁参照）。

カ　不正の手段による情報の開示（改正個情法185条）

（改正前：行個法57条）

第185条　次の各号のいずれかに該当する者は、10万円以下の過料に処する。
一・二　（中略）
三　偽りその他不正の手段により、第85条第3項に規定する開示決定に基づく保有個人情報の開示を受けた者

○概要・改正による変更点

保有個人情報の開示にあたって、適正な権利行使を担保することを保護法益とする。

「偽りその他不正の手段」とは、保有個人情報の開示を受ける手段で真実でない又は不正なものをいい、例えば他人の身分証明書等の使用により、他人に成りすまして、他人の情報の開示を受けることなどが想定される。

保有個人情報の中には個人の秘密に係らないものもあることから、行政上の秩序違反行為に対する制裁としての秩序罰（過料）とされている（行個法の解説208頁参照）。

コラム

地方公共団体における支障・課題

地方公共団体において統一的な個人情報保護規律が設けられた場合の支障・課題について、都道府県（実態調査結果資料編Ⅲ．都道府県4－4)、市町村（実態調査結果資料編Ⅳ．市町村4－4）ともに、次のものが上位を占めている。

① 条例の現状の取扱いと差異が発生した場合の対外的説明
② 同種の事例に対する他団体との取扱いにおける一体性の確保
③ 情報公開制度との運用の一体性の確保
④ 国の関与が発生した場合に地域の実情を反映した事務処理の運用の確保

①については、各地方公共団体で個人情報保護条例が異なるため、改正個人情報保護法との違いを分析し、説明していくしかないと考えられる。

②については、個人情報保護委員会が公的部門ガイドライン等で各地方公共団体間における統一を図るとともに、地方公共団体に積極的に情報共有をして、解決していくべき問題であろう。

③については、情報公開条例が異なる以上、各地方公共団体で個別に対処していく必要がある。必要に応じ、本人開示等請求における不開示情報の範囲（改正個情法78条2項）や（5章4節の規定に反しない限り）保有個人情報の開示、訂正及び利用停止の手続並びに審査請求の手続に関する事項（改正個情法108条）について、条例を定めることとなる。

④については、地方公共団体が保有する個人情報の取扱事務は地方公共団体が処理するものであり（地方自治法2条8項)、各地方公共団体が地域の実情を踏まえ、判断していくこととなる。もっとも、国は地方自治法等に基づき、助言、勧告を通じて是正を促すこと等ができるとされており、円滑に事務処理をしていくためには、地域の実情を国に適切に伝えることが重要である。

全体を通じ、地方公共団体は、令和3年改正施行前であっても、解釈に疑義がある点については個人情報保護委員会に対して積極的に照会をして、当該解釈について公的部門ガイドライン等に反映されるようにしていくことが望ましい。個人情報保護委員会は、「個人の権利利益を保護する」目的が達成されるように、個人情報保護法の趣旨に従って、適切に助言をしていく必要がある。

② 施行後に留意すべきこと

(1) 総　　論

改正個人情報保護法の所管は個人情報保護委員会に一元化される。このことについて、地方公共団体の個人情報保護制度の在り方（改正の概要）では、次のように表現されている（第１章２(3)（→p.20）参照）。

> ⑦　個人情報保護委員会と地方公共団体の関係
> ・個人情報保護委員会は、地方公共団体における個人情報の取扱い等に関し、国の行政機関に対する監視に準じた措置を行う
> ・地方公共団体は、個人情報の取扱い等に関し、個人情報保護委員会に対し、助言その他の必要な支援を求めることが可能
> 例：個人情報の提供を行う場合、匿名加工情報の作成を行う場合　等

以下では、施行前に検討すべきこととは別に、施行後に留意すべきこととして、改正個情法6章2節の内容について説明していく。わかりやすくするために、行政機関等の監視（同節2款）と個人情報保護委員会への報告等（同節4款「雑則」）に分けて、関連部分を説明していこう。前提として、個人情報保護委員会についても説明する。

(2) 個人情報保護委員会について（改正個情法６章１節）

個人情報保護委員会は、2015年に、個人情報取扱事業者に対する監督権限を各分野の主務大臣から委員会に一元化する形で設置された。

令和3年改正施行前における個人情報保護委員会の任務は以下の図を参照にされたい。

個人情報保護委員会の任務

▶平成28年1月に設置。委員長及び委員8人。

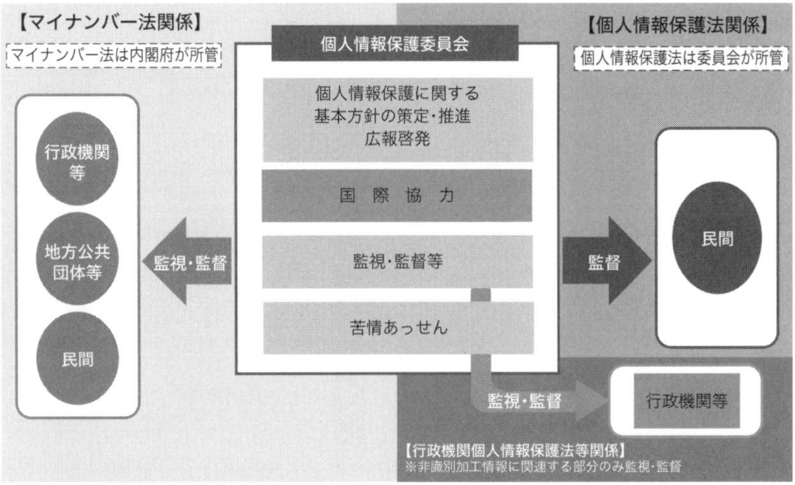

出典：個人情報保護委員会ホームページ

令和3年改正により、地方公共団体に関する個人情報保護委員会の役割は、主に次のように変更された。

① 一本化された個人情報保護法についての解釈権限を有する。

② 個人情報取扱事業者等に加えて、国の行政機関、独立行政法人等、地方公共団体及び地方独立行政法人における個人情報等の取扱いについて、一元的に所管し、監視監督権限を有する。

③ 地方公共団体が条例を定めた場合、その旨及びその内容について届出を受け、公表する。

④ 地方公共団体からの求めに応じて必要な情報の提供等を行う。

⑤ 行政機関の長等に対して個人情報保護法の施行状況について報告を求め、毎年度その概要を公表する。

個人情報保護委員会による一元的な監督体制の確立

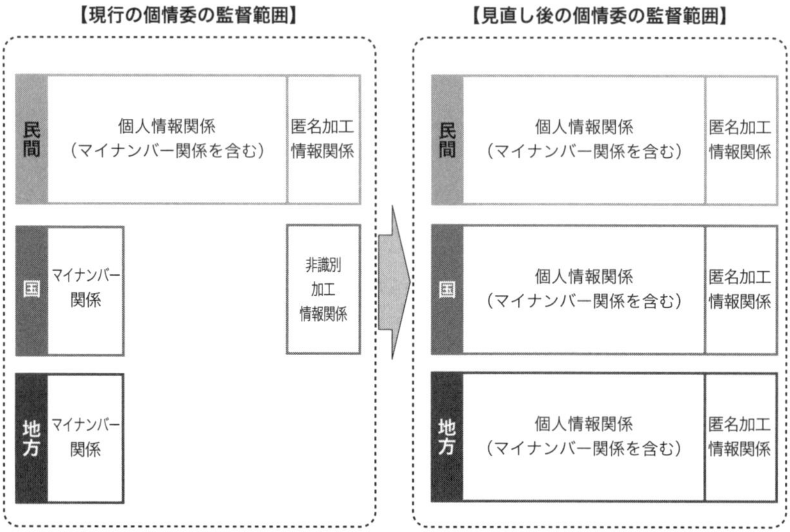

出典：最終報告（概要）

以下では、個人情報保護委員会の設置、任務、所掌に関する条文を紹介する。

ア　設置（改正個情法130条）

（改正前：個情法59条）

（設置）

第130条　内閣府設置法第49条第３項の規定に基づいて、個人情報保護委員会（以下「委員会」という。）を置く。

2　委員会は、内閣総理大臣の所轄に属する。

○概要・改正による変更点

個人情報保護員会は、高い独立性と政治的中立性を有する機関として設置されている。

イ　任務（改正個情法131条）

（改正前：個情法60条）

（任務）

第131条　委員会は、行政機関等の事務及び事業の適正かつ円滑な運営を図り、並びに個人情報の適正かつ効果的な活用が新たな産業の創出並びに活力ある経済社会及び豊かな国民生活の実現に資するものであることその他の個人情報の有用性に配慮しつつ、個人の権利利益を保護するため、個人情報の適正な取扱いの確保を図ること（個人番号利用事務等実施者（行政手続における特定の個人を識別するための番号の利用等に関する法律（平成25年法律第27号。以下「番号利用法」という。）第12条に規定する個人番号利用事務等実施者をいう。）に対する指導及び助言その他の措置を講ずることを含む。）を任務とする。

○概要・改正による変更点

任務について、個人情報保護法の目的（改正個情法1条）に即した規定が置かれている。令和3年改正により、「行政機関等の事務及び事業の適正かつ円滑な運営を図り」との文言が追加された。

ウ　所掌事務（改正個情法132条）

（改正前：個情法61条）

（所掌事務）

第132条　委員会は、前条の任務を達成するため、次に掲げる事務をつかさどる。

一　基本方針の策定及び推進に関すること。

二　個人情報取扱事業者における個人情報の取扱い、個人情報取扱事業者及び仮名加工情報取扱事業者における仮名加工情報の取扱い、個人情報取扱事業者及び匿名加工情報取扱事業者における匿名加工情報の取扱い並びに個人関連情報取扱事業者における個人関連情報の取扱いに関する監督、行政機関等における個人情報、仮名加工情報、匿名加工情報及び個人関連情報の取扱いに関する監視並びに個人情報、仮名加工情報及び匿名加工情報の取扱いに関する苦情の申出についての必要なあっせん及びその処理を行う事業者への協力に関すること（第４号に掲げるものを除く。）。

三　認定個人情報保護団体に関すること。

四　特定個人情報（番号利用法第２条第８項に規定する特定個人情報をいう。）の取扱いに関する監視又は監督並びに苦情の申出についての必要なあっせん及びその処理を行う事業者への協力に関すること。

五　特定個人情報保護評価（番号利用法第27条第１項に規定する特定個人情報保護評価をいう。）に関すること。

六　個人情報の保護及び適正かつ効果的な活用についての広報及び啓発に関すること。

七　前各号に掲げる事務を行うために必要な調査及び研究に関すること。

八　所掌事務に係る国際協力に関すること。

九　前各号に掲げるもののほか、法律（法律に基づく命令を含む。）に基づき委員会に属させられた事務

○概要・改正による変更点

前条の任務を達成するために、個人情報保護委員会がつかさどる事務を定めている。

令和3年改正により、「行政機関等における個人情報、仮名加工情報、匿名加工情報及び個人関連情報の取扱いに関する監視」との文言が付加された。

コラム

個人情報保護委員会に期待される役割

個人情報保護委員会は、令和3年改正で、民間部門の監督だけでなく、公的部門の監視という役割も負うこととなり、その役割は極めて重要になっている。

近年、通信技術を始めとするテクノロジーの発展により、技術的には、データ連携・システム連携によって、国や地方公共団体だけでなく、民間事業者の保有する防犯カメラやクレジットカードの利用情報、位置情報などのデータを収集し、分析することも可能となっている。

個人情報保護委員会の監視対象には、捜査機関が保有する捜査情報に含まれる個人情報の取扱いなども含まれており、上記の状況も踏まえた上で、実効的な手段で、適正に監視していくことが重要である。附帯決議四でも、「5 個人情報保護委員会による行政機関等の監視に当たっては、資料の提出及び実地調査を躊躇なく行うとともに、必要があれば勧告や報告の要求を遅滞なく行うことにより、監視の実効性を確保すること」とされており、適正な執行と透明性がある情報公開をしていくことが重要である。

具体的には、個人情報保護委員会は、個人情報ファイルの保有等に関する事前通知（改正個情法74条）や個人情報ファイル簿の作成及び公表（同法75条）の適用対象外となっている情報についてどのような監視を実施しているのか、時期、方法、監視した結果を明らかにすることが望ましい。

また、機関の性質や取り扱う情報の種類に応じ、特定の情報の取扱いについて施行の状況の公表（改正個情法165条1項）を求めていくことも有益である。

(3) 個人情報保護委員会による監視（改正個情法6章2節3款）

ア 総　　論

個人情報保護委員会の監視・監督の行使方法は、一般に、その性質に応じて、①報告徴収、②立入検査、③指導・助言、④勧告・命令に大別できる。

個人情報法保護委員会による地方公共団体に対する監視は、民間事業者に対する監督と比べ、上記②について立入検査ではなく実地調査であり、上記④について勧告のみであり、命令は認められていないなどの差異がある。詳しくは各規定のところで説明する。

民間事業者、行政機関、地方公共団体に対する委員会の監視監督の対比

	民間事業者	行政機関	地方公共団体
報告徴収	報告・資料提出の求め（146）	資料提出・説明の求め（156）（現行：総務大臣による資料提出・説明の求め）	資料提出・説明の求め（156）（現行：規定なし）
立入検査	立入検査（146）	実地調査（156）（現行：規定なし）	実地調査（156）（現行：規定なし）
指導・助言	指導・助言（147）	指導・助言（157）（現行：総務大臣による意見の陳述）	指導・助言（157）（現行：規定なし）
勧告・命令	勧告・命令（148）	勧告（158）（現行：規定なし）	勧告（158）（現行：規定なし）

コラム

監視と監督の違い

委員会の所掌事務について、改正個人情報保護法132条では、「個人情報取扱事業者における個人情報の取扱い（中略）に対する監督」、「行政機関等における個人情報（中略）の取扱いに関する監視」とされており、「監督」と「監視」の文言が使い分けられている。なお、個人情報保護委員会作成の資料では、「監督」と「監視」を必ずしも使い分けていないものが散見される。

法令用語研究会編「法律用語辞典〔第５版〕」（有斐閣、2020）では、「監視」は「特定の人、機関等の行為が義務に違反しないか等について常時注意して見ること」とされているのに対し、「監督」は「人又は機関が、他の人又は他の機関の行為の合法性又は合目的性を監視し、必要に応じて指示、命令等をすること」とされており、「監督」は「監視」に比べ、指示、命令等の積極的な行為が付加されている。

この点、個情法の解説363頁では、「「監視」と「監督」の用語を使い分けているのは、個人情報保護委員会が、対等の関係にある国の行政機関に対し「監督」を行うと表現することは不適切であり、これ他に対して調査し、勧告等を行う事務については「監視」という用語を充てることとしたためである」との説明があり、表現は法技術的な問題で、監視でも監督でも実質的な差異はないとも解される。もっとも、民間事業者に対するものと、地方公共団体に対するもので、個人情報保護委員会の監視・監督の行使方法に相違が生じている。

現時点で「監視」であることで大きな差異が出ることはないが、将来的には、個人情報保護法の文言上から委員会に権限があるのか明文上明らかではない行為について、監視の範囲なのかが問題となる可能性がある。また、対応が必要となった場合に、委員会には監視の権限しかないので、監督に及ぶ行為はできず、十分に権利利益を保護できないということにもなりかねない。

「監督」と「監視」に実質的な差がないのであれば、わかりやすい形で、整理しておく必要があるだろう。

イ　資料の提出の要求及び実地調査（改正個情法156条）

（改正前：個情法40条、行個法50条・51条の5）

（資料の提出の要求及び実地調査）

第156条　委員会は、前章の規定の円滑な運用を確保するため必要があると認めるときは、行政機関の長等（会計検査院長を除く。以下この款において同じ。）に対し、行政機関等における個人情報等の取扱いに関する事務の実施状況について、資料の提出及び説明を求め、又はその職員に実地調査をさせることができる。

○概要・改正による変更点

令和3年改正で、新設された規定である。もっとも、行政機関個人情報保護法でも、総務大臣が行政機関の長に対して資料の提出及び説明を求める規定はあった。

行政機関個人情報保護法では、同法の目的を達成するため必要があると認めるときは、行政機関の長に対し、行政機関における個人情報の取扱いに関する事務の実施状況について、資料の提出及び説明を求めることができる（行個法50条）とされていた。また、総務大臣は、この法律の目的を達成するため必要があると認めるときは、行政機関の長に対し、行政機関における個人情報の取扱いに関し意見を述べることができるとの規定（行個法51条）もあった。

これらの趣旨は、行政機関個人情報保護法は個人の権利利益を保護するものであること、各行政機関が保有する多種多様な保有個人情報を対象としていることから、その運用にあたっては、事前通知、利用・提供制限、開示、訂正、利用停止等の措置が適正に実施されること、政府全体として、法運用の統一性・法適合性が確保されることが重要であるため、総務大臣が、同法運用の統一性、法適合性を確保する観点から、行政機関の長に対して資料の提出及び説明を求め、意見を述べることができることとしたものとされていた（行個法の解説196頁）。

実地調査については、民間の立ち入り調査と異なり、罰則による担保はない。このことについて、国会の審議では、「内閣の下で行政機関同士は基本的に対等の関係にあるという我が国の行政組織の基本的な体系との整合を考慮し、行政機関に対する立入検査や命令権限については規定は」していない、「実地調査は、違反に対して罰則が科されない点を除けば立入検査と全く同じものである」との答弁がされている。さらに、行政機関が実地調査に協力しない場合、個人情報保護委員会が行政機関に対して勧告を行うことになり、「その行政機関が万が一勧告にも従わない場合は、最終的には、内閣の首長たる内閣総理大臣の指導の下、行政全体としての個人情報の取扱いの統一が図られる」と答弁されている（第204回通常国会参議院内閣委員会会議録14号〔令和3年4月22日〕［冨安泰一郎政府参考人答弁］）。

参考に、民間部門における立入検査は、「その職員に、当該個人情報取扱事業者等の事務所その他必要な場所に立ち入らせ、個人情報等の取扱いに関し質問させ、若しくは帳簿書類その他の物件を検査させることができる」とされている（改正個情法146条）。

ウ　指導及び助言（改正個情法157条）

（改正前：個情法41条、行個法51条・51条の6）

第157条　委員会は、前章の規定の円滑な運用を確保するため必要があると認めるときは、行政機関の長等に対し、行政機関等における個人情報等の取扱いについて、必要な指導及び助言をすることができる。

○概要・改正による変更点

民間部門における「指導及び助言」については、個人情報取扱事業者等による自主的な問題解決の手助けのための進言との趣旨であり、法的拘束力はないとされている（個情法の解説296頁）。

令和2年度年次報告では、令和2年4月1日から令和3年3月31日までの期間における民間部門に対する指導・助言数は198件とされているが、事案については概要を含め公表されておらず、不明である。

エ　勧告（改正個情法158条）

（改正前：個情法42条、行個法51条の7）

> **第158条**　委員会は、前章の規定の円滑な運用を確保するため必要があると認めるときは、行政機関の長等に対し、行政機関等における個人情報等の取扱いについて勧告をすることができる。

○概要・改正による変更点

民間部門における「勧告」については、法的拘束力はないが、自主的な解決を図るための進言にとどまらず、当該事業を監督する立場にある個人情報保護委員会の明確な意思として、個人情報取扱事業者等に対して講ずべき措置を示し、これを実施するように勧め又は促すものとされている（個情法の解説300頁）。民間部門では、命令（改正個情法148条）の前段階の手段としての意味を有している。

令和3年改正で追加された、公的部門に対する手段は「勧告」のみであり、罰則による担保がある「命令」は定められていない。これは、行政機関は互いに指揮命令関係にないため、個人情報保護委員会に対して他の行政機関の長に対する命令権限を付与することは、我が国の行政組織の基本的な体系と整合しないということによるものと説明されている（第204回通常国会衆議院内閣委員会会議録9号〔令和3年3月17日〕［平井卓也大臣答弁］）。

もっとも、上述のように勧告には法的拘束力はなく、仮に地方公共団体が従わなかった場合、個人情報保護委員会が取りうる個人情報保護法上の手段はない。この点、行政機関については、上記イで言及したように、「その行政機関が万が一勧告にも従わない場合は、最終的には、内閣の首長たる内閣総理大臣の指導の下、行政全体としての個人情報の取扱いの統一が図られるもの」とされている。

オ　勧告に基づいてとった措置についての報告の要求（改正個情法159条）

（改正前：行個法51条の4）

（勧告に基づいてとった措置についての報告の要求）
第159条　委員会は、前条の規定により行政機関の長等に対し勧告をしたときは、当該行政機関の長等に対し、その勧告に基づいてとった措置について報告を求めることができる。

○概要・改正による変更点

個人情報保護委員会には命令の権限（改正個情法148条）がないことから、行政機関等が勧告に基づいてとった措置について報告を求める権限を定めたものである。

カ　委員会の権限の行使の制限（改正個情法160条）

（改正前：個情法43条、行個法51条の8）

（委員会の権限の行使の制限）
第160条　第149条第1項の規定の趣旨に照らし、委員会は、行政機関の長等が第57条第1項各号に掲げる者（それぞれ当該各号に定める目的で個人情報等を取り扱う場合に限る。）に対して個人情報等を提供する行為については、その権限を行使しないものとする。

○概要・改正による変更点

改正個人情報保護法149条（委員会の権限の行使の制限）1項では、「委員会は、前3条の規定により個人情報取扱事業者等に対し報告若しくは資料の提出の要求、立入検査、指導、助言、勧告又は命令を行うに当たっては、表現の自由、学問の自由、信教の自由及び政治活動の自由を妨げてはならない。」とされている。そして、同条の趣旨については、個人所法取扱事業者等に対して個人情報保護委員会が、146条（報告及び立入検査）、147条（指導及び助言）、148条（勧告及び命令）の規定に基づき、報告の徴収、立入検査、指導、助言、勧告又は命令を行うにあたって、表現の自由、学問の自由、信教の自由及び政治活動の自由を妨げてはならないものを明記したものとされている（個情法の解説305頁）表現の自由、学問の自由、信教の自由及び政治活動の自由を尊重し、それらへの萎縮効果を防止するものである（宇賀・個人情報637頁）。

また、改正個人情報保護法57条（適用除外）1項各号では、「① 放送機関、新聞社、通信社その他の報道機関（報道を業として行う個人を含む。）報道の用に供する目的、② 著述を業として行う者著述の用に供する目的、③ 宗教団体宗教活動（これに付随する活動を含む。）の用に供する目的、④ 政治団体政治活動（これに付随する活動を含む。）の用に供する目的」としている。

これまで、権限の行使の制限を定める規定は、令和2年改正前の個人情報保護法43条（個人情報保護委員会の権限の行使の制限）、行政機関非識別加工情報を提供する行為に関する行政機関個人情報保護法51条の8（個人情報保護委員会の権限の行使の制限）でも置かれていたが、個人情報保護委員会が行政機関等を監視することになったため、新たに追加されたものである。

(4) 個人情報保護委員会への報告等

ア 漏えい等の報告等(改正個情法68条1項)

○概要・改正による変更点

68条1項に関する説明(本章**1**(12)(→p.95))を参照されたい。

イ 施行の状況の公表(改正個情法165条)

(改正前:行個法49条)

(施行の状況の公表)
第165条 委員会は、行政機関の長等に対し、この法律の施行の状況について報告を求めることができる。
2 委員会は、毎年度、前項の報告を取りまとめ、その概要を公表するものとする。

○概要・改正による変更点

行政機関個人情報保護法49条では、総務大臣を主体とした、同様の規定が置かれていた。同法の趣旨については、①法の施行の状況を把握し、必要と認める場合にはその改善措置を適時適切に講ずる必要があること、②法の施行の状況を広く国民に明らかにして透明性を高め、本法及びその運用に関して正確な理解を深めること、③法の制定当時に予想されていなかった新たな状況、問題が発生していることを把握することにあるとされている(行個法の解説195頁)。なお、私見であるが、個人情報保護委員会は行政機関等匿名加工情報の提供制度の制定状況と、実際に提供がされた件数及び概要についても、公表するべきである。

上記の施行の状況の交付と別に、改正個人情報保護法168条(国会に対する報告)では、「委員会は、毎年、内閣総理大臣を経由して国会に対し所掌事務の処理状況を報告するとともに、その概要を公表しなければならない。」とされている。同条は、個人情報保護委員会には、任務の性質上高い独立性が求められる一方、立法府を通じた民主的統制が及ぶようにしたものとされている（個情法の解説408頁）。

現在の個人情報保護委員会年次報告では、個人情報保護法に基づく監督等について、立入検査、指導・助言、勧告・命令の状況について、基本的には、件数のみが掲載されているにすぎず、内容は不明である。

私見ながら、附帯決議四の「5　個人情報保護委員会による行政機関等の監視に当たっては、資料の提出及び実地調査を躊躇なく行うとともに、必要があれば勧告や報告の要求を遅滞なく行うことにより、監視の実効性を確保すること」という内容を適切に実施していることを立法府に説明する意味でも、個人情報保護委員会には、主な事案すべての概要について説明するなど、より詳細な報告を実施する責務があると考えられる。

ウ　地方公共団体による必要な情報の提供等の求め（改正個情法166条）

（新設）

（地方公共団体による必要な情報の提供等の求め）

第166条　地方公共団体は、地方公共団体の機関、地方独立行政法人及び事業者等による個人情報の適正な取扱いを確保するために必要があると認めるときは、委員会に対し、必要な情報の提供又は技術的な助言を求めることができる。

2　委員会は、前項の規定による求めがあったときは、必要な情報の提供又は技術的な助言を行うものとする。

○概要・改正による変更点

最終報告書4－2　規律の具体的内容(1)総論（36頁）では、「4.地方公共団体等の的確な運用を確保するため、地方公共団体等は、個人情報の取扱い等に関し、個人情報保護委員会に対し、助言その他の必要な支援を求めることができることとすることが適当である」とされていた。

附帯決議四では、「7　個人情報保護委員会は、地方公共団体から必要な情報の提供又は技術的な助言を求められた場合には、迅速に対応すること」とされており、個人情報保護委員会の役割が期待されている。

エ　条例を定めたときの届出（改正個情法167条）

（新設）

（条例を定めたときの届出）

第167条　地方公共団体の長は、この法律の規定に基づき個人情報の保護に関する条例を定めたときは、遅滞なく、個人情報保護委員会規則で定めるところにより、その旨及びその内容を委員会に届け出なければならない。

2　委員会は、前項の規定による届出があったときは、当該届出に係る事項をインターネットの利用その他適切な方法により公表しなければならない。

3　前2項の規定は、第1項の規定による届出に係る事項の変更について準用する。

ポイント　**地方公共団体には、条例を定めるにあたり、事前に国と協議しなければならない義務はない。**

○概要・改正による変更点

地方公共団体が、個人情報の保護に関する条例を定めたときに、委員会に届け出をすることを定めたものである。国会の審議では、条例制定後における、個人情報保護委員会への届出については、制定前に事前に国との協議というのは不要であり、事後に届出をすればよい旨の答弁がされている（第204回通常国会衆議院内閣委員会会議録11号〔令和3年3月19日〕［時澤忠政府参考人答弁］）。

条例制定後、届け出がなされた後の国の対応については説明がないが、最終報告41頁では、「地方公共団体の条例に基づく事務処理が違法又は著しく適正を欠く場合、国は、地方自治法等に基づき、助言、勧告を通じて是正を促すほか、是正の要求を行うこと等ができるものである。」とあり、脚注で「事務の処理について是正の要求を受けた地方公共団体は、違反の是正又は改善のための必要な措置を講じなければならないとされている（地方自治法第245条の5第5項）」との記載がある。

附帯決議四2項では、「地方公共団体が、その地域の特性に照らし必要な事項について、その機関又はその設立に係る地方独立行政法人が保有する個人情報の適正な取扱いに関して条例を制定することができる旨を、地方公共団体に確実に周知するとともに、地方公共団体が条例を制定する場合には、地方自治の本旨に基づき、最大限尊重すること。また、全国に適用されるべき事項については、個人情報保護法令の見直しを検討すること」とされており、地方自治の本旨を尊重した対応がなされる必要がある。

オ　案内所の整備（改正個情法169条）

（改正前：行個法47条2項・51条の2第2項）

（案内所の整備）
第169条　委員会は、この法律の円滑な運用を確保するため、総合的な案内所を整備するものとする。

○概要・改正による変更点

総合的な案内所の意味するところは、現時点で明確ではないが、行政機関個人情報保護法47条2項、51条の2第2項では、「円滑な運用を確保するため、総合的な案内所を整備するものとする」との規定が置かれている。

上記51条の2第2項に関し、行政機関非識別加工情報に関する総合案内所が設置されており、① 国の行政機関・独立行政法人等の非識別加工情報の制度の仕組み、② 提案の募集をしている国の行政機関・独立行政法人等の窓口、③ 非識別加工情報に関する個人情報保護委員会規則等の解釈等について案内をしている。

また、各省が、個別に情報公開・個人情報保護総合案内所を置いている場合もある。

カ　地方公共団体が処理する事務（改正個情法170条）

（改正前：個情法77条）

（地方公共団体が処理する事務）

第170条　この法律に規定する委員会の権限及び第150条第1項又は第4項の規定により事業所管大臣又は金融庁長官に委任された権限に属する事務は、政令で定めるところにより、地方公共団体の長その他の執行機関が行うこととすることができる。

○概要・改正による変更点

基本的には、個人情報保護委員会が個人情報取扱事業者等に対する報告徴収及び立入検査をすることとされているが、事業法等の分野によっては、事業者に対する監督等の権限が、他の法令により地方公共団体の長等の事務とされている場合がある。このような場合、委員会等の権限に属する事務を地方公共団体の長等の事務とすることが適切な場合があることから、政令で定めるところにより、地方公共団体の長等が事務を行うこととすることができるとされた（個情法の解説401頁）。

改正個人情報保護法では、同法施行令38条で地方公共団体の長等が処理する事務について定められている。

新設される規定一覧

＊本文中「(新設)」と記載した頁を一覧にいたしました。

＊デジタル社会形成整備法による個人情報保護法改正で新規に設けられる規定をまとめて確認したいときの参考としてご使用ください。

行個法条文索引

＊本索引は、本文中「(改正前：行個法○条)」等と記載した頁を抜き出し、行政機関個人情報保護法（令和4年4月1日に廃止される前）の条文から、本書の関連する頁にたどれるよう編成しました。

行政機関の保有する個人情報の保護に関する法律

第6章　罰則

■著者略歴

渡邊　涼介（わたなべ・りょうすけ）

弁護士（光和総合法律事務所）
2007年弁護士登録。2014年～2017年総務省総合通信基盤局専門職、2021年から東京都港区情報公開・個人情報保護審査会委員。
主要著作として、『データ利活用とプライバシー・個人情報保護　最新の実務問題に対する解決事例108』（青林書院、2020年）、『オンラインビジネスにおける　個人情報＆データ活用の法律実務』（編著）（ぎょうせい、2020年）がある。

デジタル改革関連法で変わる
自治体の個人情報保護対応

令和３年12月１日　第１刷発行
令和５年６月20日　第７刷発行

著　渡邊　涼介

発　行　株式会社ぎょうせい

〒136-8575　東京都江東区新木場1-18-11
URL：https://gyosei.jp

フリーコール　0120-953-431
ぎょうせい　お問い合わせ　検索　https://gyosei.jp/inquiry/

〈検印省略〉

印刷　ぎょうせいデジタル株式会社

ISBN978-4-324-11058-4
（5108753-00-000）
〔略号：変わる個情〕